漢字でわかる韓国語入門

—日本人だからカンタン、読める話せる速習法—

水谷嘉之

祥伝社黄金文庫

●写真提供
韓国観光公社（P17、27、31、171下、181下、187）
JTBフォト（P169、171上、173、181上）
●図版制作
日本アートグラファー
●目次・扉デザイン
盛川和洋
JASRAC出0408874-401

まえがき

NHK教育の「ハングル講座」のテキストが、とてもよく売れているそうです。番組始まって以来の売り上げらしいですが、これは、韓国ドラマ「冬のソナタ」の大ヒットの影響です。主演のペ・ヨンジュン来日の際の〝熱烈歓迎〟ぶりは、ワイドショーなどで話題になりました。

ペ・ヨンジュンのことをもっと知りたい。吹きかえでなく生の声でドラマを楽しみたい。最新情報を現地の雑誌や新聞で知りたい。ファン・レターを出したい。そしていつかは話をしてみたい。――そんな思いから、韓国語学習を始めよう、と思っている人も多いと思います。

ドラマが単なるブームに終わることなく、韓国語学習にまで気運が盛り上がってきたことは、両国の関係にとっても、たいへん喜ばしいことです。

ところが、多くの日本人は、韓国語について、ハングル文字を見ただけで、これはもう手も足も出ないと、諦《あきら》めてしまっているのではないでしょうか。

しかし、結論からいうと、日本人にとって、韓国語はきわめてやさしい外国語です。というのも、この二つの言葉は、驚くほど似ているからです。とくに文法構造がほとんど同じで、語順はもちろんのこと、よく日本語を学ぶ外国人を悩ませるといわれる助詞の用法も一致しています。

そのうえ、単語の勉強にしても、韓国語には、日本語と共通の漢語（漢字語）がかなりの割合で含まれているので、ある程度の読み方の規則を知れば、あっという間に語彙《ごい》を増やすことができます。

たとえば、表紙にもあるように、「ありがとう」を意味する「カムサハムニダ」の「カムサ」は「感謝」という漢字語の韓国語読みなのです。

残る問題はハングル文字です。しかし、この文字は約五六〇年前に、時の国王の号令で作られたものですから、規則性が明確で、煩《わずら》わしい例外や、特殊用法がほとんどありません。筋道さえ追っていけば、けっして恐れることはないのです。

本来、私は語学の専門家ではありません。仕事の関係からソウルとの間を往《い》き来《き》するようになって、はじめて韓国語を学びました。以後、その魅力に引き込まれ、多くの人の手助けを得て、なんとかマスターすることができました。その私が、今度は、少しでも韓国語に興味を持った方が、無事にその入口を乗り越えていくことを願って作ったのが本書です。

親本が出たのが昭和六十二年。以来、幸いにもたくさんの方々に読んでいただけましたが、これは語学の専門家でない人間が、実体験に基づいたユニークな学習法を紹介している点が、ご支持いただけたのではないかと思います。

本書は形式の整った語学書ではありません。しかし、できるだけ平易に、そして何より私の学習上の体験と実感を織りまぜて書いてありますので、気楽に読み進めるだけで、韓国語の早期修得のお役に立つものと信じます。

文庫化によって、さらに多くの方たちにお読みいただけますと幸いです。

なお、本書を執筆するにあたり、韓国外国語大学校の南星祐《ナムソングウ》教授の、懇切《こんせつ》なるご指導をいただきました。紙上を借りて、お礼申しあげます。

平成十六年六月

水《みず》谷《たに》嘉《よし》之《ゆき》

目次

5章 ハングルで歩くソウル・慶州《キョングジュ》

6章 日本文から韓国文へのアプローチ

1章

こんなに似ている日本語と韓国語

——私が体験で掴《つか》んだ韓国語習得の最短ルート

なぜ、韓国語を学ぼうとしなかったのか

韓国ドラマ「冬のソナタ」のヒット、そして主演俳優ペ・ヨンジュンの人気で、韓国語を勉強しようという人が増えているようです。

今年（二〇〇四年）、NHK教育テレビのハングル講座が非常によく売れていると耳にしました。書店でも、韓国に関する本がたくさん並んでいます。

昭和五十年、つまり今から三十年近く前に韓国語に興味を持った私には、まさに隔世の感があります。

日本とは隣国であり、かつ古い交流の歴史を持つ国でありながら、日本人は、これまであまり、韓国語について知るところがなく、また強いて知ろうともしませんでした。

理由はいくつか考えられます。ただでさえ英語やドイツ語・フランス語に四苦八苦しているのに、とてもほかまで手がまわらないこと。英語やドイツ語などだと、その本国以外でも、広く国際語として通用するのに、韓国語は、通用する地域が韓国と北朝鮮に限られることなどなど。

しかし、一番大きな理由は、大部分の日本人が、韓国では、日本語が通用するし、また日本語でなくても英語で充分大丈夫、と考えているからではないでしょうか。

かく言う私も、韓国へ行くまではそう思っていましたし、事実、そのようにアドバイスしてくれた先輩もいました。しかしそれが幻想であることは、私の韓国体験で徐々に明らかにされていきました。実際のところ、韓国の年輩の方々の中には、日本人とほとんど区別できないほど流暢《りゅうちょう》な日本語を話せる人も少なくありません。しかし、どんな相手にでも、はじめからそれを期待するのは、虫がよすぎるというものでしょう。

何もビジネスで韓国を訪れる人が、ビジネスの話を韓国語で丁々発止《ちょうちょうはっし》やりあったり、旅行者が現地の本を自由に読みこなす必要はありません。しかし言葉というものは、その国の文化の象徴です。少しでもそれに接し、吸収しようとする姿勢の中から、その国の人々とのコミュニケーションが生まれるのではないでしょうか。

たとえば慶州という、日本人観光客などがよく訪れる有名な古都がありますが、日本人はこれを、何げなく（けいしゅう）と読みます。ところがこれは、韓国語では（キョングジュ）といいます。逆に大阪のことを、日本語を知らない韓国人は（テパン）と読みます。これではお互いなんのことだかわかりません。こうした小さなことから誤解や相互不信の兆《きざ》しが生じるのです。

日本に来る外国人でも、「こんにちは」「ありがとう」を知ってるか知らないかで、こちらの接する態度も、ずいぶん違ってくると思います。とりわけ日本と韓国とは、かつてお互いに遺憾な時代があり、今も微妙な問題を抱えているだけに、「日本語で大丈夫」と考える非礼だけは避けたいものです。

韓国語は、思っているよりずっとやさしい

つまり、これから韓国を訪れようとするビジネスマンや旅行者にとって、「韓国語とはどういうものか」を少しでも知ることは不可欠です。実際に訪れたことのない人にとっても、韓国という国を知るためには同様です。

しかもありがたいことに、韓国語は、思っているよりずっとやさしく、日本人にとってひじょうに覚えやすい言語なのです。

私は経営者であり、韓国語の学者でも、韓国の研究者でもありません。ましてや韓国に暮らしたこともありません。以前は、韓国とは何の縁もゆかりもなく、韓国語についてはまったくの素人《しろうと》でした。当時の事情は、今の多くの日本人とほとんど変わらない状況でした。

それが、ビジネスの関係で韓国を訪れることになって、はじめて韓国語と取り組みだし

たのです。はじめてみると、もともと外国語が好きだったこともあって、ぐいぐいとその魅力に引きこまれていきました。

そうした過程で、研究者ではなく、素人として、日本人が韓国語を学ぶのに、最も早く、しかも有効な方法を独自に整理できるようになったのです。したがって本書は、学問的には未熟な点もあるかもしれませんが、何よりも日本の初学者が、最も効率よく学ぶためのガイドとなるよう意図されています。これから韓国語を知ろうとする人の先輩として、自分の体験談、失敗談を交えて、述べていきたいと思います。

はじめての韓国体験

昭和五十年十二月のことです。羽田空港を飛び立った飛行機の機内アナウンスは、英語と日本語と韓国語でした。韓国語の放送は、それこそチンプン・カンプンで、何も分かりません。ただ、やたらに「ムニダ」と言うのが聞こえ、放送の終わりに、「カムサハムニダ」というのが分かりました。「カムサハムニダ」は、「ありがとうございます」のことだと聞いていたので、なるほどと思うだけで、あとは、日本語の放送と同じことを言っているはずなのに、とりつくしまもありません。

見まわしてみると、乗客たちは、日本人なのか韓国人なのか、とんと区別ができません。日本人だと思うと、日本人に見えるし、韓国人だと思うと、どの人も韓国人に見えてきます。スチュワーデスに、「日本人ですか」と聞くと、「韓国人です」と答えるし、今度こそ韓国人だと思って尋ねたスチュワーデスは、「日本人です」と言います。どう考えても、区別がつきません。

私は、それまで韓国には、あまり関心を持っていなかったし、韓国についての予備知識はほとんど持っていませんでした。ただ、ホテルやレストランでは、日本語が通じるから心配ない、「こんにちは」は、「アンニョンハシムニカ」と言うし、「ありがとう」は、「カムサハムニダ」と言うのだと教えられて、片カナで手帳に書いてもらって、やみくもに覚えただけでした。そして、九州か四国などの日本国内にでも行くような、気軽な気持ちで出発したのでした。

ソウルの金浦《きんぽ》空港に着いてみると、韓国は、やはり外国でした。それも、ヨーロッパやアメリカで外国だなと感じるのとは、まったく違う外国でした。日本人とそっくりな人たちが、まったく違う言葉で話しているのも異様ですし、税関や入国の手続きの係官は、アメリカのような明るい冗談まじりの応対とは、比べようもなく無愛想に見えました。

街の中で目につくのは、○と一でできたハングル文字

ハングル文字を制定した世宗《セジョング》の銅像（ソウル市）

ソウルに住む友人に迎えられて、ソウル市内の中心部に入ると、高層ビルが並んでいるし、車の数も多くて、ちょっと見ると、東京のどこかのようです。ところが目につくのはいたる所に書かれた、○と|のハングル文字であって、日本語以外の言葉としては英語に親しんできた者には、欧米よりも親しめない感じでした。

私は仕事で数多くの国々を訪ねていますが、どこを見ても何もわからないという経験は、ギリシャと韓国だけでした。アラビア語圏のことはわかりませんが、他の国では、たいがいいくつか見当のつく単語が見あたるものです。ところがギリシャと韓国では、どうしようもありませんでした。これはたいへん珍しい経験であり、しかも、それが最も気楽に考えていた国で起こったということは、私にたいへんな衝撃を与えました。

ホテルのフロントでは、日本人より上手なくらいの日本語で応対してくれましたが、トランクを運んでくれたボーイは、日本語はまったく駄目で、英語でした。

ハングル文字で書かれていても、中身は漢字語

翌日、友人が車で釜山《プサン》まで案内してくれました。ソウルから釜山まで、立派な高速道路が通っていて、インターチェンジには、道路標識が出ています。そこに漢字とローマ字と

ハングル文字とで地名が書いてありました。もちろんハングル文字は、まったく分からないので、ローマ字と漢字とを見比べて読み方を知るのですが、金浦がキムポ、釜山がプサン、蔚山がウルサンなのはよいとして、大邱がテグー、大田がテジョン、慶州がキョンジュだと言われると、せっかく同じ漢字を使いながら、何ということだろうと思いました。

ところが夕食の席で、日本語の上手な、韓国の友人の羅《ナ》さんと朴《パク》さんとの間で、こんな話が出ました。

「羅さん、韓国の地名は、漢字ですね。でも漢字の読み方は、日本の読み方とは、ずいぶん違いますね」

「そうです。似ているものもありますし、違うものもあります。たとえば『アンニョング・ハシムニカ』とか『カムサ・ハムニダ』などは、日本の人もよく覚えてくれますが、これは漢字の熟語を使った言葉です。『アンニョング』は〝安寧《あんねい》〟という漢字の韓国語読みですし、『ハシムニカ』は、『していらっしゃいますか』ということです。ですから『アンニョングハシムニカ』は『安寧でいらっしゃいますか』つまり『お元気でいらっしゃいますか』ということです。『カムサ』は〝感謝〟の韓国語読みですし、『ハムニダ』は『します』ということですから、『カムサ・ハムニダ』は『感謝します』ということです」

「ということは、韓国語でも漢字語は多いんですか」

「そうです。日本語と同じように、韓国語でも、漢字語をたくさん使っています」

ハングル文字だけが、やたらと目について、漢字はほとんど見かけないので、漢字語がそんなに多いという話は、意外に思いました。

当時、私は、本格的に韓国語を覚える気持ちもなかったので、この話はただ何となく聞き流しました。人名の読み方にしても、羅さんは、韓国語読みでは「ナ」さんでしたし、朴さんも、実は「パク」さんでしたが、その当時は知らぬが仏で、「ラ」さん「ボク」さんで通していました。

これが私の第一回目の韓国訪問でした。こんなわけですから、印象はけっしてよいとは言えませんでした。欧米とは違って、似ていて違うというのは、かえって中途半端な印象で、逆に親しみを感じさせませんでした。

欧米人とは、はじめから英語しか通じないものと覚悟して付き合いますが、どう見ても日本人と変わらない人々に、英語で話しかけられたり、英語で応対されるのは、何とも言えないもどかしさと、違和感を感じたものです。

世界史的に見れば、日韓関係は融和の歴史

　ところで、世界史を繙《ひもと》いてみますと、近接した国々は、互いに相手を仇敵視することが一般のようです。

　ご存じのように、ドイツとフランスの闘争の歴史は有名です。中世以前から、この両国は激しい戦争を繰り返してきました。イギリスとフランスの関係も同様です。トルコとソ連の関係、ポーランドとオーストリアの関係も、やはりそうです。これは、アルザス・ロレーヌ地方の鉄をめぐって独・仏が衝突しつづけたように、近接した国では資源の占有が争いの引き金になりやすいという事情もありましょう。また、英仏のように文化摩擦が原因ということもあり、近年のイ・イ戦争（イラン・イラク戦争）のように、宗教が根深い対立を生むということもあるわけです。

　一方、日韓の関係は、こういった〝歴史の常識〟に反し、激しく対立したという経験はほとんどありません。こういうと、秀吉の〝朝鮮出兵〟とか、第二次大戦当時の話を持ち出す人も多いようですが、実は、まだ、史実が明確に検証されていない太古の時代は措《お》くとして、この二つの出来事は例外中の例外で、後の千数百年に及ぶ日韓交流史は、実に平和で、文化・技術両面における融和の時代といってよいのです。

にもかかわらず、いまだに対立感情を剝《む》きだしにする人が、日本人にも、韓国人にも少なくないのは、お互いに不幸なことです。そして、この根底には、両国の言語普及に関するギャップの大きさがあると、私は考えています。

繰り返しますが、日本語を話す韓国の方たちの多さに比べて、韓国語の話せる日本人が、なんと少ないことか。これが韓国の国民感情を刺激しないわけがありません。戦争当時の不幸な体験を経験していない若者世代にも、若干の反日感情が存在しますが、それもこれも、韓国語にいっこう関心を示そうとはしない日本人の尊大無礼さに、彼らはあきれかえっているからなのかもしれません。

たしかに、近代にあっては、日本は西洋文明の先輩という事情もあり、私たちが韓国語を学ぶ必要にせまられることは少なかったでしょう。しかし、今では事情が大きく変わってきました。たとえば、韓国の工業界は日本と肩をならべてきました。

スポーツにあっては、二〇〇二年のサッカーのワールドカップで明らかになったように、私たち日本人が韓国から学ぶことも多い立場になりました。とすれば、当然、私たち日本人が、日常的な韓国語をまず身につけるのが礼儀というものです。

そして、日韓の若者が、日本語と韓国語のチャンポンで話せる時代が到来したとき、この両国が本当の意味で堅い握手ができると、私は確信しています。

がらりと印象が変わった二度目の訪韓

さて、話を私の韓国体験記に戻しましょう。最初の訪韓からほぼ一年後、韓国の会社との合併会社の非常勤役員を兼務することになって、私は何度も韓国を訪れることになりました。二度目に韓国を訪れたのは、東南アジアからの帰り道で、昭和五十一年のことでした。

インドネシアのジャカルタ、チレボン、バリ島、シンガポール、香港《ホンコン》の用事をすませて、そのまま韓国に行くことになりました。一度目の時は、四人の同僚と一緒でしたが、この時は、たった一人の旅でした。その上、香港で買った土産物《みやげもの》を、金浦空港で税関の保税預けにしなければならなかったので、その手続きを思うと気が重かったのです。

ところが、金浦空港に着いてみると、最初の韓国訪問の時とは、まったく別の印象でした。同じアジアの中でも、インドネシア、シンガポール、香港などのように、日本とは、景色も、住民も、風俗も、何から何までまったく違う国々と比べて、なんと日本に似ていることかと、あらためて驚きました。日本に帰って来たような気さえしました。

税関の保税預けの手続きにしても、案ずるより生むがやすしで、簡単に手続きが終わりました。最初は、取っつきがたく、無愛想に見えた空港の係官たちが、話をしてみると、とても親切で明るい人たちなのには、かえって驚きました。韓国とは、こんなよい人たちの国であり、日本に一番近い外国なのだと、当たりまえのことに、今さらのごとく気がついたのです。

ソウルからは、日本人の同僚と二人だけで、麗水《ヨス》へ行きました。運転手は親切な人でしたが、日本語も英語も話せませんし、私たち二人は、ともに韓国語がほとんど分かりません。道々運転手が景色のよい所を熱心に説明してくれますが、ただ、きれいだなと思うだけでした。

翌日、麗水《ヨス》からソウルへの帰りも同じ運転手でしたが時間が遅くなって、途中でお腹《なか》が空いてきました。高速道路の途中で夕食を摂《と》ることにしました。ところが二人とも韓国語が分からないので、運転手に知らせることができません。日本語や英語でいろいろと言ってみても、まったく分かってくれません。もしあの時、食事（シクサ）とか、食堂（シクタング）という漢字の韓国語読みを知っていたら、分かってくれたと思いますが、それさえ知りませんでした。結局、困りはてた末「レストラン」と言ってみると、ようやく分かってくれて、車はレストランの前に止まりました。日本語と同じように、韓国語でも、欧米外来語は、そのまま使われていることが分かりました。

さて、レストランに着いてはみたものの、そこも韓国語しか通じないので、注文の仕方も、何があるのかも分かりません。困っていると、立派な中年の紳士が近づいてきて、

「あなた方は日本人でしょう。これがおいしいですよ」

と日本語で言うと、ギョウザを注文してくれました。お礼を述べて、名刺をいただくと、韓一銀行（ハンイルウンヘング）の金（キム）常務ということでした。言葉の通じない場所で、これほどありがたいことはありませんでした。

それにしても、やはり外国の韓国でした。大都会から離れたら、日本語は通じないものと覚悟しなければなりません。多少でも韓国語を話せなければ、食事さえできないのだと痛感させられました。

やはり日本語では通じなかった

初めて韓国に行くことになった時、言葉のことを先輩の方々に尋ねると、だいたい日本語で間に合うし、特にホテルや土産物店やレストランでは、日本語が通じるから心配な

い。もしもよほど困ったら、年輩の人をさがしなさい、という話でした。

実際、韓国の会社幹部は、日本語が上手で、ビジネスは全部日本語で充分でしたし、ホテルでも、食事でも、何も不自由を感じませんでした。

しかし、それは日本語の達者な方々に案内してもらったり、大都会のまっただ中にいたからで、そうでなければ、なかなかそういうわけにはいきません。

日本語の分かる人は、全体から見れば、ごく少ないのは、当然であって、日本人との接触の少ない所へ行けば、日本語で間に合うはずはありません。

ビジネスの面でも、ソウルの本社の幹部の方々は日本語が上手でしたが、蔚山（ウルサン）の工場の現場に、技術指導に行った人たちの話を聞いてみると、現業員との間では、日本語は通じなかったそうです。それでも窮すれば通ずで、怪しげな韓国語を覚えて、けっこう意志は通じたようでした。

また、あるとき日本人のKさん夫妻と三人で、南山（ナムサン）に登ったことがありました。南山はソウル市内の南側にある、海抜二六五メートルの椀《わん》を伏せたような形の山で、山頂にはテレビ塔や展望台、中腹には、植物園、野外音楽堂、国立図書館などがあり、麓《ふもと》との間をケーブルカーが結んでいて、ソウル市民の憩《いこ》いの場所となっています。

ソウル市民の憩いの場・南山《ナムサン》公園

山頂からは、眼下に市の中心部のビル群が見下ろされ、その先に北岳山（プガㇰサン）、北漢山（プㇰハンサン）が、屏風《びょうぶ》のように立っていて、なかなかの眺めです。

しばらく山頂の景色を楽しんだ後、ケーブルカーで降りるK夫人とは山麓の駅で落ち合うことにして、Kさんと二人で徒歩で降りて行きました。下りの山道には、土産物や食べ物を売る露店がいくつも並んでいるのは、日本の観光地と同じです。

ところが山を降りきってみても、困ったことにケーブルカーの駅が見当たりません。子どもを連れた家族が、三三五五歩いているので、日本語と英語で道を尋ねるのですが、分かってくれる人がいません。仕方なく道を訊《き》くのは諦《あきら》めて、そのあたりを歩き回った末に、ようやく待ち疲れた表情のK夫人を見つけることができました。

デパートのキムチ売場で一《ひと》騒動

買物も、ホテルの中や土産物店では日本語で間に合いますが、庶民的な韓国人相手の店に行くと、日本語はまったく通じません。

キムチを土産に買いたいと思って、新世界百貨店（シンセゲ・ペㇰファジョム）に入ったことがありました。この百貨店では、ネクタイや紫水晶のアクセサリー売場などでは、日本人と分かると、一つでも余計に買ってもらおうと、達者な日本語でさかんに勧めます。

ところがキムチを買いに地下の食料品売場に行ってみると、事情は一変します。お客はおもに韓国の主婦たちで、日本人の男性など一人もいません。それでも日本語は通じるものと思っていたので、「キムチ」と言うと、ちょうど日本のデパートの食料品の売場と同じで、一束《ひとたば》のキムチをつかんで見せてくれました。そして、さかんに何か言っています。どうやら「何グラム欲しいのか」と言っているらしいのですが、韓国語を知らないので、まったく答えられません。

それより何より、日本に持って帰るには、飛行機に持ち込むので、よほどしっかりした容器に入れないと、臭気も出るし、汁がこぼれ出る心配があります。ところが、店員はまさかそんな注文があるとは想像だにしないふうで、もっぱら何グラム買うかだけが関心事です。何とかこちらの注文を分からせようと、日本語、英語、手真似などで、いろいろ言ってみても通じません。弱りきっている所に同行していた羅《ナ》さんが近寄って来て、話してくれました。話が分かれば簡単で、プラスチックの漬物樽に入れて、厳重な包装をしてくれました。

最初は、当惑したような、怒ったような顔をしていた女店員も、意味が通じてしまえば、にこにこして、手ぎわよく荷造りしてくれました。もしも羅さんが助けてくれなかったら、キムチのお土産は出来なかったし、女店員も「変な日本人の奴め」と思ったに相違ありません。

刺繡《ししゅう》入りハンカチがついに買えず

また、こんなことがありました。ソウル市内には、東大門（トングデムン）と南大門（ナムデムン）の近くに大きな市場があります。この市場は、生活用品のすべての物を売っていて、市価よりだいぶ安いので、主婦たちは、ここに買物に行くことが多いといいます。

ある時、日本人三人で東大門市場の見物に出かけました。ちょうど上野のアメ屋横丁のように、あまり広くない道を挟《はさ》んで、小さい店が立ち並び、平日の午後というのに、買物客も結構歩いていました。話に聞いたとおり、繊維製品、日常雑貨、魚、肉、野菜から、薬品など、それこそ何から何まで売っています。道は迷路のようで、うっかりすると出口が分からなくなりそうでした。豚の頭がいくつも並べられていたり、名も知らぬ奇妙な魚があったりして、バイタリティ溢《あふ》れた庶民の生活を垣間見《かいまみ》ることができます。当然のこととして、このような場所では、日本語が通じることはまったく期待できません。ただ、見

ソウル有数の大型デパート・ロッテ百貨店

物している分には何の支障もなく、何を言われても手を振るだけでした。

ふと、刺繍《ししゅう》のあるハンカチを、お土産に買う気になって、繊維製品の店に入りました。私たちの三人の中の一人が、「ソンスゴン」がハンカチであることを知っていました。

店員の女性が、白いハンカチを出してくれました。刺繍のことを何というのか、三人とも知らないので、白いハンカチの上に、ピクチャなどと言いながら、絵を描く真似をして見せると、模様のあるハンカチを出してくれましたが、それ以上は進みません。三人寄っても、文殊《もんじゅ》の知恵を出すことができず、とうとう刺繍は、諦《あきら》めざるをえませんでした。

こうしたことが何度かあって、さすがに横着者《おうちやくもの》の私も、これは韓国語をしっかり勉強したほうがいいなと、つくづく思い知らされました。

入門テープで、会話文を丸暗記

さて、私はこうして韓国語を学ぶ決心を固めたのですが、なにせ仕事がありますから、講習会や韓国語学校に行く時間はありません。当時はラジオやテレビの講座もありません。仕方なく、一番やさしそうなテープと入門書とを買ってきました。何しろ、通勤の往復だけで勉強しようというのですから、乱暴と言えば、乱暴な話でした。

入門書は、最初からハングル文字のオンパレードで、中年過ぎの頭では、片手間では、とても覚えられそうもなく、そのまま書棚行きとなりました。テープのほうは、旅行者のための簡単な会話を収録するものだったので、まずは、これを丸暗記してみることにしたのです。

といってもハングル文字は読めないので、片カナでの丸暗記です。どの単語がどういう意味かも分かりませんでしたが、ともかく頭に詰めこんだのです。まったく応用は利《き》きませんが、これはこれで、けっして無駄ではありませんから、次に挙げてみます。

① ナ　ヌン　イルボン　サラム　イムニダ.
（私　は　日　本　人　です。

② ナ　ヌン　ハク　セングイ　アニムニダ.
（私　は　学　生では　ありません。

③ ナ ヌン カメラ ルㇽ カジゴ イㇲムニダ.
私 は カメラ を 持って います。

④ コッチ イㇲムニダ.
花 が あります。

⑤ ナ ヌン メㇰチュ ルㇽ チョア ハムニダ.
私 は 麦酒 が 好き です。

⑥ ナ ヌン ヨヘングウㇽ シリヨハムニダ.
私 は 旅行 が 嫌いです。

⑦ クヮイ ルㇽ チョア ハムニダ.
果物 を 好み ます。

⑧
ナ　ヌン　ハングゴ　ルㇽ　ハルスイㇲムニダ.
私　は　韓国語　が　出来ます。

⑨
ナ　ヌン　シㇰサ　ルㇽ　ハゴシㇷ゚スムニダ.
私　は　食事　を　したいです。

⑩
ホテル　カジ　シッㇷ゚プン　コリムニダ.
ホテル　まで　一〇分　かかります。

⑪
ネクタイ　ルㇽ　ポヨヂュセヨ.
ネクタイ　を　見せてください。

⑫
レストラン　ウン　オディ　イㇲムニカ.
レストラン　は　どこに　ありますか。

⑬ (チャ ルㇽ チュシプシオ.
お茶 を ください。

⑭ (ネ.
はい。

⑮ (アニョ.
いいえ

⑯ (ムオッ ムニカ.
何 ですか。

⑰ (オルマ イムニカ.
いくら ですか。

⑱ (モル　ゲ　スムニダ.
分かりません。

⑲ (アル　ゲ　スムニダ.
分かりました。

⑳ (アンニョン　ヒ　カセヨ.
さよなら。（見送る場合）

㉑ (アンニョン　ヒ　ケセヨ.
さよなら。（見送られる場合）

「〜ムニダ」は、「〜です。〜ます」のことだった

次に日本語と韓国語とは、語順が同じと聞いていたので、私は、片カナの韓国語と訳文の日本語とを見比べて、次のようなことを、推測しました。

ナ……私
ヌン……は
イムニダ……です
アニムニダ……ではありません
ルル……を
イスムニダ……あります
カジゴイスムニダ……持っています
チョアハムニダ……好きです
シリヨハムニダ……嫌いです
チョアハムニカ……好きですか（カがつくと疑問文）
ハルスイスムニダ……出来ます
ハゴシプスムニダ……したいです
コリムニダ……かかります
ポヨヂュセヨ、チュシプシヨ、カセヨ、ケセヨ……命令文、または依頼文の語尾
オディ……どこ

ムオッ……何
オルマ……いくら
ネ……はい
アニョ……いいえ

この結果、まず韓国への飛行機の機内放送で、やたらに聞かれた「ムニダ」という言葉は「です。ます」のことだったのだと合点がいきました。

次に、最初はまったく考えつかなかったのですが、「イルボン」は日本、「ハクセング」は学生、「メクチュ」は麦酒《ビール》、「ハングゴ」は韓国語、「シクサ」は食事、「ヨヘング」は旅行、「チヤ」は茶、など漢字語の韓国語読みであることが分かってきました。

それにしても、最初は、同じ漢字でありながら、読み方がずいぶん日本と違うものだな、という印象でした。

さらに「カメラ」「ホテル」「ネクタイ」「レストラン」などの欧米外来語は、日本語と同じように、韓国語でも、そのまま使われていることもよく分かりました。

とにかく丸暗記ですから、応用の利《き》かないものでしたが、それでも今までと違って、朝

〈まず覚えたいあいさつ言葉〉

こんにちは　안녕하십니까（アンニョングハシムニカ）
いらっしゃいませ　어서　오세요（オソ　オセヨ）
さようなら〔見送る人から行く人へ〕　안녕히　가세요（アンニョンヒ　カセヨ）
さようなら〔行く人から見送る人へ〕　안녕히　계세요（アンニョンヒ　ケセヨ）
はい　네（ネ）　いいえ　아뇨（アニョ）
ありがとうございます　감사합니다（カムサハムニダ）
どういたしまして　천만에요（チョンマネヨ）
はじめまして　처음　뵙겠읍니다（チョウム　ペケスムニダ）
山田と申します　야마다라고　합니다（山田ラゴ　ハムニダ）
もしもし　여보세요（ヨボセヨ）

食のとき、「コーピ ルル チュセヨ」などと言ってみて、コーヒーが出てくるのを確かめてみたり、ホテルの店で「オルマイムニカ」と言ってみて、通じるかどうか試してみたりして、それ相応の進歩はありました。

fの発音はp、ゴルフ場での韓国語教室

このように、私がたいへん怪しげな勉強に励んでいたちょうどそのころ、韓国の友人の羅（ナ）さんと趙（チョ）さんが、ソウルの町の中心から、さほど遠くない泰陵（テヌング）カントリー・クラブに誘ってくれたことがありました。

ここは、適当に起伏のある、手入れの行き届いた上品なゴルフ場でした。ウイークデーのためか、ゴルフ場は、すいていました。

このとき、韓国では、ゴルフと呼ばずに、コルプと呼ぶことを知りました。ゴルフ golf のfの音は、韓国ではpの音に発音されるのです。同様にコーヒー coffee は、コーピであり、フィルム film はピルムと読みます。

昼食後スタートしました。一人に一人ずつキャディさんがつきました。キャディさん（韓国ではケディという）は、中学校か高等学校を卒業したばかりと思われる若い娘さんた

ちで、底ぬけに明るく、キャディについたことが嬉しくてたまらないように見えました。問題は言葉です。彼女たちは、日本語も英語も話せなかったし、私の韓国語も片言なので、ちょっと心配でした。

案《あん》の定《じょう》、サービス精神旺盛なキャディさんで、何やらしきりに話しかけてきますが、私にはほとんど分からないので、ただニコニコするだけです。分からないなと思うと、彼女は身振り手振りで何とかして分からせようとします。

私の打ったボールが、林の中に飛び込みました。しまった、と思って、「オディ（どこ）」と叫ぶと、キャディさんは走って行って、ボールを見つけると、「ヨギ、ヨギ」とボールを指差しながら、まるで宝石でも見つけ出したような嬉しそうな顔をします。ヨギは、「ここ」という韓国語です。

急に、彼女が顔を見上げながら、「トンｸﾞギョンｸﾞ何とか」と言います。韓国語で東京をトンｸﾞギョンｸﾞと読むことを知っていたので、たぶん「東京から来たのか」とか、「東京に住んでいるのか」と聞いているのだと思って、「ネ」と答えると、分かってくれたと思って、嬉しそうな顔をしてみせます。

彼女は、話題を変えて何か言いますが、分からぬと見ると、「トーシ、トーシ」と言います。ますます分からないので、羅さんに聞いてもらうと、彼女は日本語の「年」と言っていて、「年はいくつか」と聞いているのだと分かりました。

「オシップパル」――「五八歳」と答えてやると、心配そうに見上げていた顔が嬉しそうに変わりました。

「ひとつ、ふたつ」を韓国語で言うと

ホールアウトして、スコアが七でした。私が、「チル」と言うと、彼女が「イルゴップ」と言い直してカードに書き込みます。

韓国語では数の呼び方には二種類あって、一つは漢字語の「一、二、三」に対応する「イル、イ、サム」であり、もう一つは「ハナ、トゥル、セッ、ネッ、タソッ、ヨソッ、イルゴップ」という韓国語固有の数があることは知っていました。ちょうど、日本語にも、イチ、ニ、サン、シという漢字語の数の外に、ヒトツ、フタツ、ミッツ、ヨッツと言う日本固有の数え方があるのと同じです。

日本では、「ヒトツ、フタツ、ミッツ」と使う場合は少なく、漢字語の「イチ、ニ、サン」でほとんど間に合うので、韓国でも同じだと思っていたのは、誤りでした。ゴルフの

スコアも、人の数も、車の数も、韓国固有の数を使うとは、その時まで知りませんでした。

こんな調子でプレーした、ワン・ラウンドは、ほんとに楽しいものでした。

その晩の夕食の席で、羅さんと趙さんが、口をそろえて、

「今日のゴルフを一番楽しんだのは、水谷さんですね。ゴルフをやりながら、韓国語の勉強を楽しそうにやられたのだから」

と言われるのです。韓国に親しもうと努めている日本人の姿は、好ましく映ったようです。

後から考えると、羅さんと趙さんとが、心を割った付き合いをしてくれるようになったのは、このゴルフの日からだと思います。それからは、よい友人ともなり、ビジネスの面でもよく理解し合えるようになりました。

ビジネスの会話を、韓国語でやれるようになるには、大変な勉強が必要で、誰にでもできることではありません。しかし、そこまでいかなくとも、話そうと努力していることや、片言でも話せることでも、やがてビジネスの面に跳《は》ね返ってきます。

韓国語には、日本語と共通の漢字語がたくさんある

さて、その席で羅さんと趙さんがしてくれた話はたいへん興味深いもので、その後の私の勉強に大きな示唆《しさ》を与えてくれました。

「水谷さん、韓国人には、日本語はやさしい外国語なんですよ。第一に文法が同じでしょう。語順が同じですから、あらためて勉強する必要がありません。第二に日本語と共通の漢字語が多いんですよ。韓国語を覚えるには、漢字語を勉強するといいですよ」

「だけど、漢字の読み方が、日本と違うので、なかなかむずかしいですね」と、私。

「でも水谷さん。漢字の読み方で苦労するのは、韓国人のほうなんですよ。日本語では、一つの漢字に、読み方がいろいろありますね。日という漢字でも、ニチと読んだり、ジツと読んだり、ヒと読んだりします。本という字も、ホンと読んだり、モトと読んだりしますから、韓国の人にはむずかしいのです。

韓国語では、一つの漢字の読み方は、一つしかありません。日はイㇽとしか読みませんし、本はポンとしか読みません。ですから、きっと、日本人が漢字の韓国語の読み方を勉強するほうが、ずっとやさしいと思いますよ」

そう言われてみると、思いあたる点がありました。一度耳にしただけでは何が何だかわ

からない韓国語でも、中身を明かされてみると、意外と「なんだ」と思うことがあります。たとえば本書の冒頭でも紹介したように、「カムサ・ハムニダ」「アンニョング・ハシムニカ」を丸暗記するのも結構ですが、「カムサ」が「感謝」という漢字語の、同じく「アンニョング」が「安寧《あんねい》」の韓国語読みだと、一度教えられれば、覚えるのは、うんと楽になるのではないでしょうか。

同様に、私がはじめて「オジョン・チョングオ・オフ」と言われて、これらが「午前・正午・午後」の意味だと教わったとき、私は、どちらが午前だか午後だか、さっぱり区別できませんでした。

ところが、午がオ、前がチョン、正はチョング、後はフと読むのだとわかれば、もう混乱することはありません。この場合、日本語の漢字読みの音と、必ずしも似ていませんが、中身が漢字語であれば、日本人には覚えやすく、応用も利《き》きます。

たとえば、前がチョン、後がフだと覚えておけば、前後はすぐにチョンフと読めます。

さらには、注文が「チュームン」、予約が「イェヤク」というぐあいに、ほとんど日本語と同じ単語も珍しくありませんから、これだけでも、韓国語を学ぼうとする他の外国人に比べて、日本人はぐんと有利な状況にあるわけです。

つまり、漢字の韓国語読みから学ぶことが、日本人にとって、最も効率のよい韓国語の学習法であるということを、羅さんと趙さんの話から教えられたわけです。

漢字の知識がもたらす、はかりしれないメリット

ところで韓国に行ってみると、どこもかしこもハングル文字です。漢字やアルファベットを見つけるのは、ごく稀《まれ》です。

ハングル文字は、およそ五六〇年前に、李朝《イチョ》四代の王、世宗（セジョング）が、学者を集めて、新しく作らせた文字で、漢字にも、アルファベットにも、まったく関係のない、独特のものですから、初めは親しみを持てないのも、無理はありません。

韓国では、このハングル文字を大切にし、誇りにもしていて、ハングル文字制定を記念して、十月九日は「ハングルの日」という祝日になっています。

現在の韓国では、なるべく漢字を使わずハングル文字で統一するよう奨励されていて、官庁の文書は、すべて、ハングル文字ですし、義務教育でも漢字を教えていません。新聞・雑誌では、今でも漢字が使われていますが、〝漢字を読めない世代〟の成長につれて、

ここでも漢字は、徐々に姿を消しつつあるようです。

それなら、漢字の韓国語読みなど勉強しても、意味がないと思うかもしれません。私も当初はそう思いました。

しかしやがて、それは間違いであることがわかりました。というのも、全部ハングル文字で書いてあっても、中身は漢字語が多いのです。ちょうど、普通の日本文を、全部片カナで書いたのと同じです。

たとえば、駅の中の案内に、

シンカンセン　1バン　ホーム
トウカイドウセン　3バン　ホーム
チュウオウセン　10バン　ホーム

と書いてあったり、看板に、

キッサテン

ヨウフクテン

と書いてあるようなものです。

仮に、そのように書いてあっても、私たちは、新幹線、東海道線、中央線、喫茶店、洋服店などと漢字を思い出して、理解します。

韓国でも、ソウル駅に、ハングル文字で、

ホナムソン

インチョン　スウォン　パングミョン

と書いてあったり、看板に、

テジュング　ウムシクチョム

タバング

などと書いてあります。たとえ、ハングル文字が読めても、何のことかと思います。

実は、

「ホナムソン」は、湖南線

「インチョン　スウォン　パングミョン」は、仁川、水原方面

「テジュング　ウムシクチョム」は、大衆飲食店

「タバング」は、茶房

の漢字語の韓国語読みを、ハングル文字で書いてあるだけですから、もとの漢字語が分かれば、なんだ、と思います。

つまり、漢字を使わないハングル文でも、ともかくハングル文字が解読できれば、そこから、もとの漢字を推測することは充分可能です。ちょうどワープロの文字変換のようなもので、次々に漢字に当てはめていって、意味の通る漢字を探し出せばいいわけです。この場合、どうしてもタイム・ラグが生じますが、これは致《いた》し方ありません。それでも、見ず知らずの単語が辞書も使わずにわかるようになるわけですから、大変なことです。

それに、この文字変換にともなうタイム・ラグは、当然、慣れることでどんどん縮小します。また、音感のいい人であれば、韓国語読みの音《おん》を口の中で繰り返しているだけで、

自《おの》ずと意味がわかってしまうと言う人すらいます。

日本人にとって漢字語共通のメリットは、はかりしれないほど大きいといえるのです。

ここまでわかったことを次に整理してみます。

① 日本語と韓国語とは語順が同じ、助詞の使い方も同じ。したがって文法はとてもやさしい。

② 韓国語の単語は、次の三種類に分けられる。

(ア)漢字語――全体のかなりの割合を占める。元は同じ漢字語だから、日本人にとって最大の拠《よ》り所となる。

(イ)韓国固有語――「ハナ、トゥル、セッ（ひとつ、ふたつ、みっつ）や、ナ（私）、オディ（どこ）など。これは韓国語の〃大和言葉《やまとことば》〃とも言うべきもので、日本語との関連性皆無につき、頭から覚えるほかなし。

(ウ)外来語――レストラン、ホテルなど。ハングル文字さえ解読できれば、きわめて簡単。

③ ハングル文字は、やはりがんばって覚えるしかないが、規則性が明確なのでやさし

い。

要点はこの三点でしょう。あとは、言いまわしの方法や文章の作り方は、これをクリアしてからで充分です。

では次章では、最大の拠り所である漢字語について、述べていきたいと思います。

2章

日韓共通の財産＝「漢字語」からの第一歩

——最小の努力で、韓国語の単語を飛躍的に増やす法

スコアカードの注意書きも、こんなに簡単に分かる

まず、次の例を見てください。

南北（ナムブク）、都市（トシ）、民主（ミンジュ）、審査（シムサ）
新聞（シンムン）、記者（キジャ）、知識（チシク）、器具（キグ）
価値（カチ）、父母（プモ）、角度（カクト）、素朴（ソバク）
約束（ヤクソク）、無視（ムシ）、有利（ユーリ）、地理（チリ）

これらは、漢字語の韓国語読みが、日本語ときわめて似ているか、あるいはまったく同じというものを、思いつくままに挙げてみたものです。実際の話、ここまで似ているという例は、残念ながらそう多くはありません。しかし、こうして見ると、いかに日本語と韓国語が似ているか驚くばかりです。

ここまで似ていなくとも、「ケシ」が開始のこと、「サジン」が写真のことなど、一度説明されると、ぐっと覚えやすくなる言葉も多いのです。英語やほかの欧州語で苦労してきたのに比べれば、別天地の観すらあります。また、こんな例を見てください。

「謹啓　時下　陽春의　節에　玉體　健安하시오며　貴業　日益繁栄하심을　삼가　仰祝하나이다。

今般　小生은　社命에　依하여　大阪支社에　勤務케 되어 오는　四月　上旬頃에　帰国하게 되었읍니다。

回顧하건데　不過　満四年間이란 짧은　駐在期間이었기에 아수운　點　많았아오나其間　配慮해주신　此際에　鄭重히　謝意를　表하는 바입니다。

끝으로　貴堂의　健勝과　無窮한　発展을　祈願하나이다」

これは、ソウル駐在の、ある日本人商社員の転勤の挨拶《あいさつ》文です。あらたまった挨拶文ですから、文章も硬く、漢字語も話し言葉より多いようです。しかし漢字を使ってあるので、ハングル文字の部分が分からなくとも、漢字だけを拾い読みしていけば、だいたいの意味は分かります（ハングル文字については4章で詳述。それまでは、あまり気にしないで読み進めてください）。

また泰陵（テヌング）カントリー・クラブのスコアカードの裏に、ローカル・ルールが、次のように書いてあります。

青色은 워터하사드、黄色은 並行 워터하사드 白色은 아우트바운드、
赤色은 언더리페어를 各各 標示한다。
上記以外는 제네랄 룰을 適用한다。

ここでは、漢字はそのまま漢字で書いてありました。つまり、日常的なハングル文でも、この程度に漢字語が入っているということです。ハングル文字を覚えてから、もう一度これを見直していただきますが、この文章の中で傍線を引いた、

워터하사드は　ウォター・ハザド
아우트바운드は　アウト・バウンド
언더리페어は　アンダ・リペアー
제네랄 룰は　ゼネラル・ルール

であることが分かれば、全体の意味が分かります。

これなど見ると、いかに日本語と韓国語が似ているか分かります。

韓国の新聞も、同じように漢字とハングル文字の混ざったものですから、漢字だけを拾い読みしていくと、どこで何があったかというくらいのことは見当がつくものです。

しかも、たとえ漢字の部分がハングル文字で書かれていても、それを読めれば、頭の中で漢字に変換することが可能です。

したがって日本語と韓国語とでは、漢字語の読み方が、どこが同じで、どこが違うか、その規則性の大筋を頭に整理しておけば、未知の単語と遭遇しても、充分に推測が可能というわけです。

日本と韓国における漢字語の成立ち

では、その法則をさぐるために、まず、日韓両国における漢字語の成立ちから観《み》ていきたいと思います。

ご存じのとおり、日本には四世紀の後半、百済《くだら》の王仁《わに》博士によって、初めて漢字がもたらされました。すなわち、漢字は中国から直接伝わってきたのではなく、韓国を経由してきたわけです。したがって、そのとき伝えられた漢字の音読みが、すでに、多少韓国語化した読み方だったのではないかと思う読者もあるかもしれませんが、一般には、韓国音の影響があったとは、考えられていないようです。

しかし、それはそれとして、漢字は、一字一字、発音と意味との両面を持っています。

漢字が伝来した当時に日本人は、中国語の「発音」と「意味」を同時に勉強しました。山という字を習うと、これはサンと読んでヤマのことであり、東はトウと読んでヒガシのことであり、西はサイと読んでニシのことであり、色はシキと読んでイロのことであるというようなぐあいです。

ところが漢字の、もともとの中国語の発音は、日本人にはむずかしい発音だったようで、日本人に合うように、もとの中国の発音と似てはいるが違った発音となりました。ちょうど英語の発音でも、l《エル》とr《アール》の区別ができないとか、thの発音やfの発音がむずかしかったりして、日本語化したときに日本流の発音に改変されるのと同じです。cake［keik］をケーキ、coffee［kɔfi］をコーヒー、mother［mʌðə］をマザー、strike［straik］を、ストライキまたはストライク、ご飯のrice［rais］をライス［raisu］などの例を挙げるとおわかりでしょう。漢字の発音もこれと似たように変えられて、日本語となりました。申すまでもなく、これが音《おん》読みです。

さらに時代が進むと、たとえば「東」という漢字がトウと読んで、ヒガシという意味を持つのなら、いっそのこと、意味でそのまま読んでしまおうということになりました。これが訓《くん》読みです。たとえば「山」という漢字は、そのままヤマと読み、東はそのままヒガシと読もうということです。こうして、「水」はスイという音読みのほかにミズとも読み、「海」はカイという音読みのほかにウミとも読むことになりました。

この結果、漢字の読み方は一層複雑になりましたが、むずかしい漢字語だけでなく、日本の固有語にも漢字が使えるようになりました。

このことを、英語に置き換えて考えてみましょう。

英語では、Iはアイと読んで、私という意味です。manはマンと読んで、人のことですし、bookは、ブックと読んで、本という意味です。これを、Iはそのままワタクシと読もう、manはそのままヒトと読もう、bookはそのままホンと読もうというのが、訓読みの発想です。その場合、ワタクシ、ヒト、ホンというこの読み方は、英語の本来の発音とは、まったく関係のないことになります。

それと同様で、漢字の訓読みは、漢字の本来の中国音とは、まったく関係がありません。

こうした結果、日本語における漢字の読み方には、音読みと訓読みとが出来上がり、さらに音読みにも呉音《ごおん》、漢音《かんおん》、唐音《とうおん》などの読み方を併用するようになったために、まったくもって複雑なものとなったわけです。これでは、韓国の友人が、日本の漢字の読み方はむずかしいと言うのも、無理ありません。

韓国でも、漢字が入って来た事情は日本と同じでした。韓国の人々も、日本人と同じように、むずかしい中国の発音を、韓国なりに多少変えて、韓国の読み方が出来上がりました。日本で、日本人に発音しやすいように変えたのと同じように、韓国では韓国人に発音しやすいように変えたので、同じ漢字の読み方が、日本と韓国とでは、違ってきてしまったわけです。

前にも紹介したとおりcoffeeを日本語ではコーヒー、韓国語ではコーピ、filmを日本ではフィルム、韓国ではピルムと言うのと事情は同じです。

韓国語を勉強しようとする日本人にとって、ありがたいことには、韓国語には、日本語の訓読みに相当する読み方はありませんし、音読みにも、日本語のように呉音・漢音・唐音のように、いくつもの読み方があるということはありません。一つの漢字の読み方は、特別の場合を除き、原則として一つです。

渡辺吉鎔《わたなべキルヨン》さんの『朝鮮語のすすめ』（講談社現代新書刊）に、興味深い数字が載っています。日本の文化庁が、中国人留学生に日本語学習の手引きに「中国語と対応する漢語」という資料を作成したそうです。その中で、日本語教材から集められた一八〇〇語（中級程度）の漢字語について、現行の、中国語と意味がまったく一致するもの、一部にずれがあるもの、意味がまったく異なるもの、その漢字語が中国語にないものと、四つに分類したところ、まったく一致していた単語は約一二〇〇あったそうです。

そこで渡辺吉鎔さんが、その一八〇〇の漢字語を、現在の韓国語に当てはめて分類してみたところ、まったく一致をみた単語は、なんと一六〇〇あったそうです。

つまり、韓国語の中の漢字語を調べれば、一挙に、中級程度の単語を一六〇〇以上習得できるわけです。

日韓両国語の相違には、規則性がある

さて、そのためにも、日韓両国の漢字の読み方の違い、つまり、その規則性を見つけ出すことが、焦眉《しょうび》の急となるわけです。

私が本格的に韓国語に取り組みだしたころ、友人の志賀さんという方が、次のような興味深いことを教えてくれました。志賀さんは、戦争中、北朝鮮にある工場に勤務していましたが、終戦後に韓国語を勉強した人です。

「韓国語の数字は、イル、イ、サム、サ、オ、ユック、チル、パル、ク、シップというが、

日本のイチ、ニ、サン、シ、ゴ、ロク、シチ、ハチ、ク、ジュウと似ているようにも見える。しかし、似ていないようにも見えるし、なかなか覚えにくいね」

という私の問いに対して、志賀さんは、

「それはそうだよ。この数字は、漢字語だから、元は中国語なんだよ。つまり麻雀の、イ、リャン、サン、ス、ウ、リュー、チ、パ、クがもとなんだよ。昔、漢字が日本にも韓国にも入って来たとき、一、二、三、四、五、六、七、八、九、十などの数字は、漢字の数字として入ってきた。

ちょうど英語の数字のワン、ツー、スリー、フォアが、日本に入って来て、今では、『ワン・ストライク、ツー・ボール』とか、『フォア・ボール』などというように、すっかり日本語の中に溶けこんで、日本語化したのと同じことなんだ。

当時の日本人は、漢字を消化しようと、一生懸命に漢字の中国流の発音を勉強したんだと思う。しかし、今の日本人が、アウト、セーフなどと言って英語を使っていても、これは、auto, seehu という、あくまでも日本語化した発音であって、本来の out [aut]、safe [seif] という発音とは、似て非なるものになっている。これは、日本人が日本人に発音しやすいように変えてしまったからだ。当時の日本人も同様に、漢字のむずかしい中国音を、日本人に発音しやすいように変えて、日本語化したんだ。

当時の韓国人も同じで、韓国人に発音しやすいように変えたんだが、日本語とは多少違う変え方となった。だから、日本語と韓国語の漢字の発音は、当時の中国の発音を親とする二人の子ども、ないしは、いとこ同士のようなもので、数字の場合も似ていて当たりまえなんだ」

「一」が、「イル」となる法則の研究

つづいて志賀さんは、数字の読み方における日韓両国語の違いについて、黒板に数字と片カナとを書きながら、次のように説明してくれました。

「まず一は、日本語ではイチで、韓国語ではイルです。

日本語で、〜チ、〜ツと読む漢字は、当時の中国音では、〜tのように、tで終わった音であったと思われる。日本では、これにiやuの母音をつけて、イチ（iti）、イツ（itu）のように読んだらしい。

これに対して韓国ではどういうわけか、この〜tを、〜lと読み、イル（il）となった。

たとえば「失」という漢字は、日本ではシツだが、韓国ではツがルになってシルとなる

し、骨のコツは、韓国語ではコルと読む」

「**二**は日本語では二だが、韓国語では、日本語の二（ni）の音は、nが消えて、イ（i）となることが多い。

ほかの漢字でも、「人」は、日本語ではニンだが、韓国語ではインで、『人気』という漢字語はインキと読む。日（ニチ）という字の場合、ニはイとなり、チはルとなるから、韓国語ではイルと読む。したがって日本＝ニッポンは、イルボンと読む」

「**三**は、日本語では、サンだが、韓国語ではサム。似てはいるが、語尾がmとnという違いがある。日本でも、昔は語尾のムとンを区別していたようだが、今では全部〜ンに統一されてしまった。

だから逆に見ると、日本語で〜ンと読む漢字は、韓国では、〜ン（n）と読むものと、〜ム（m）と読むものとがある。たとえば〝感〟はカムだが、〝山〟はサンと読む」

「**四**は日本語でシ、韓国語ではサ。

日本語でシと読む漢字は、韓国語でサと読むことが多い。たとえば、〝私〟は日本語でシだが、韓国語ではサであるし、〝飼〟も日本語ではシ、韓国語ではサだ。

〝寺〟も同様で、韓国語ではサと読む。有名な慶州（キョングジュ）の仏国寺は、プルククサ、また海印寺は、ヘインサと読む」

話の途中ですが、そういえばこんなことがありました。まだ韓国語がまるで分からなかったころ、ソウルから大邱（テグー）に向かう列車に乗りました。ところが、途中で列車が止まってしまい、いつまでたっても発車しません。

そのうち車内放送があり、停車の理由を説明しているようですが、こちらには何のことだがわかりません。ところが同乗していた同僚が、どうやら事故があったと言っているらしいと言います。

というのは、その同僚は、放送の中から（サゴ）という言葉を聞き分けて、それが「事故」の韓国語読みだと知っていたからです。「事」は日本語ではジですが、韓国語ではサです。これも志賀さんが説明してくれた規則どおりです。

この「事故」という単語が一つわかっただけで、停車の原因もだいたい見当がつき、それほどイラつくこともありませんでした。もしそうでなかったら、未知の国で長時間の立往生をくわされ、本当に心細い思いをしたことだろうと思います。

さて、志賀さんの日韓数字談義に話を戻しましょう。

「**五**は日本語ではゴ（go）だが、韓国語ではgが消えて、オ（o）となる。このようにg

の消える例もたくさんあって、たとえば、〃語〃も〃誤〃も韓国語ではオなんだ」

「**六**は日本語ではロク、韓国語ではリュク、またはユクで、ロクとリュクとは似ているでしょう。

　韓国語では、言葉の初めにくるリ、リャ、リュ、リョの音は、rが消えて、イ、ヤ、ユ、ヨと読む。だから同じ六でも、六が頭にくる六感はユクカムと読むが、十六はシッブリュクと読むんだ」

「**七**は日本語ではシチ、韓国語ではチルです。

　日本語でシの音は、韓国語ではチと読まれるものがある。たとえば、〃指〃、〃支〃などはチと読む。シチのチは、例によってルとなるから、シチはチルなんだ」

「**八**は、日本語でハチ、韓国語ではパルです。

　日本語で、ハと読むところを、韓国語ではパと読む。たとえば〃波〃はパだし、〃博〃はパクです。ハチの～チは、例によって～ルとなるからパルになるわけだ」

「**九**は、日本語でも韓国語でも、クなんだ」

「**十**は、日本語でジュウ、韓国語でシップで、ちょっと関係がなさそうに見える。ところが漢和辞典を見てごらんなさい。十は、日本で古くはジフ、またはシフと読んだことが分

〈数字の読み方・日韓比較表〉

	日本語読み	韓国語読み	変化の規則性
1	イチ	イル	チ→ル
2	ニ	イ	ニ→イ
3	サン	サム	ン→ム
4	シ	サ	シ→サ
5	ゴ	オ	ゴ→オ
6	ロク	リュク	
7	シチ	チル	シ→チ チ→ル
8	ハチ	パル	チ→ル
9	ク	ク	
10	ジュウ (ジフ)	シップ	フ→プ

かります。日本語のフの音は韓国語では、プだから、シフがシップになるんだ」ということでした。

この志賀さんの説明はおもしろかったし、たいへん大事なことでした。というのも、漢字語の数字のイル、イ、サムを、日本語の漢字語の数字のイチ、ニ、サンとの関係から覚えれば、覚えやすいばかりでなくて、その他の漢字についても同じ様なことが言えるからです。

つまり日韓両国語の違いの規則性がつかめ、先ほどの「事故」のように応用を利《き》かすことができるわけです。

志賀さんの話は、漢字の日本語読みと韓国語読みとの関係の基本的なものですから、67ページに表にしておきます。

ぜひ覚えておきたい八つの原則

私は、この志賀さんの話を参考に、漢字の日本語読みと、韓国語読みとの違いについて、その規則性を調べ、その結果、次の八項目に整理してみました。一部繰り返しになりますが、まとめて挙げることにしましょう。

①韓国語では、漢字の読み方は、原則として一つしかない。

「山」は、サンと読むだけでヤマに相当する読み方はない。つまり、音読みばかりで訓読みに相当する読み方はないのです。

音読みも、韓国語では、ごくわずかな例外を除くと、一つです。

したがって「安寧」（アンニョング）の「安」は、どの場合もアンと読みます。たとえば安定は（アンジョング）、安心は（アンシム）、安逸は（アンイル）です。

②韓国語の読み方では、一つの漢字には母音は一つしかない。

たとえば「愛」という漢字は、日本語ではアイ［ai］と読んで、aとiの二つの母音がありますが、韓国語では、エ［æ］と読んで、母音はæの一つだけです。「計」は、日本語では、ケイ［kei］でeとiの二つの母音がありますが、韓国語ではキェ［kje］で母音はjeの一つだけです。

③日本語は子音で終わる読み方はなく、必ず母音で終わるが、韓国語では、子音で終わる読み方がある。

たとえば「速」という漢字は、日本語では、ソク［soku］とuの母音がつきますが、韓国語ではソㇰ［sok］とkの子音のままで終わります。「各」は日本語でカク［kaku］とuの母音で終わりますが、韓国語では、カㇰ［kak］と子音のkで終わります。

日本語では、子音で終わる読み方がありませんから、韓国語の子音で終わるものについては、特に発音の注意が必要です。

日本語では、最後のkには、uかiの母音をつけて読みます。「学」はガク［gaku］、「膜」はマク［maku］のようにuをつけるか、「駅」＝エキ［eki］、「石」＝セキ［seki］のようにiをつけますが、これらは、韓国語では、みなkで終わっているのです。

本書では、子音で終わるものは、～ㇰ、～ッ、～ㇽ、～ㇷ゚のように、小さい字で書き表わしています。

韓国人同士の会話を聞いていると、まるで喧嘩をしているのではないかと思われることがよくあります。重役会の席などでも、言葉の中身はひじょうにていねいなのに、そう聞こえてしまうのです。原因はこの語尾の子音にあるのかもしれません。つまり、語尾がチャッとか、ピッとかと、ひじょうに強く響くためです。そのうえ韓国人（とくにソウルの人）は早口なので、よけいにそう聞こえてしまいます。

それに比べると、日本語はすべて母音で終わりますから、韓国語と比べると、ひじょうに柔らかく感じます。

④日本語で、〜ツ、〜チというように、ツ、チで終わる漢字は、韓国語読みでは〜ルと読む。

たとえば、前にも挙げたとおり、「失」という漢字は、日本語では、シツですが、韓国語読みでは、シル［sil］と読みますし、「骨」はコツに対して、コル［kol］と読みます。「八」は、ハチに対して、パル［phal］と読みます。

ただ、この場合にもsil, phalのように、子音のlで終わっているのであって、silu, phaluのように、母音uがつくわけではありません。

《その他の例》

乙《おつ》（ウル）、活（ファル）、決（キョル）、殺（サル）、室（シル）、実《じつ》（シル）、脱（タル）、鉄（チョル）、熱（ヨル）、発（パル）、筆《ひつ》（ピル）、仏（プル）、末（マル）など

⑤日本語で、〜ンと読む漢字は、韓国語では、〜ンと読むものと、〜ムと読むものとがあ

る。

たとえば「新」は、日本語でシン［sin］、韓国語でも、シン［sin］です。ところが「心」は、日本語では、シン［sin］ですが、韓国語では、シム［sim］と読みます。「短」は、日本語でも韓国語でも、タン［tan］ですが、「淡」は日本語ではタン［tan］、韓国語ではタム［tam］です。

なお、この場合にも、発音は～mであって、～muではありません。日本人は、とかくmuと発音してしまいます。

《日韓ともに、～ンと発音する漢字の例》

安（アン）、運（ウン）、雲（ウン）、温（オン）、間（カン）、寒（ハン）、漢（ハン）、顔（アン）、身（シン）、神（シン）、信（シン）など

《日本語で～ン、韓国語で～ムと発音する漢字の例》

暗（アム）、音（ウム）、感（カム）、金（クム）、今（クム）、林（リム）、心（シム）など

⑥日本語で、アイ、カイ、サイ、タイ、ナイ、ハイ、マイ、ライ（いずれもai）と読む漢字は、韓国語では、エ、ケ、チェ、テ、ネ、ペ、メ、レと読まれるものが多い。

愛（アイ）↓エ（애）《例》愛人（エーイン）［恋人のこと］
開（カイ）↓ケ（개）《例》開拓（ケチョク）、開始（ケシ）
再（サイ）↓チェ（재）《例》再開（チェゲ）
隊（タイ）↓テ（대）《例》除隊（チェデ）
大（タイ）↓テ（대）《例》大韓（テハン）
階（カイ）↓キェ（계）《例》階段（キェダン）
内（ナイ）↓ネ（내）《例》市内（シーネ）、内科（ネクァ）
毎（マイ）↓メ（매）《例》毎日（メイル）
来（ライ）↓レ（래）《例》往来（ワングレ）
最（サイ）↓チェ（최）《例》最善（チェソン）
解（カイ）↓ヘ（해）《例》見解（キョンヘ）
改（カイ）↓ケ（계）《例》改革（ケヒョク）

械（カイ）→キェ（개）《例》機械（キギェ）

この規則どおり、韓国有数の都市・大田も、（たいでん）ではなく（テジョン）、大邱も（たいきゅう）ではなく（テグー）と読みます。また逆に、日本語を知らない韓国人が、大阪を（テパン）と発音してしまうのは、このためです。ただし、例外もあります。

⑦日本語で、エイ、ケイ、セイ、テイ、ネイ、ヘイ、メイ、レイ（いずれもei）と読む漢字は、韓国語では、ヨング、キョング、ソング、チョング、ニョング、ピョング、ミョング、リョングと読むものが多い。

英、永、映（エイ）→ヨング（영）《例》英雄（ヨングウング）、永遠（ヨングウォン）

経、傾（ケイ）→キョング（경）《例》経営（キョングヨング）、傾斜（キョングサ）

成、性（セイ）→ソング（성）《例》成績（ソングジョク）、性質（ソングジル）

寧（ネイ）→ニョング（녕）《例》安寧（アンニョング）

兵、平（ヘイ）→ピョング（병、평）《例》平和（ピョングファ）

名、命（メイ）　↓　ミョング（명）《例》使命（サミョング）

この後も何度か紹介することになる古都・慶州の読みも、この規則が当てはまり、（キョングジュ）です。

ただし、例外もありますが、それほど多いわけではありません。

計（ケイ）　↓　キェ（계）《例》計算（キェサン）
芸（ゲイ）　↓　イェ（예）《例》芸術（イェスル）
弟（テイ）　↓　チェ（제）《例》兄弟（ヒョングヂェ）
礼（レイ）　↓　レ（례）《例》失礼（シルレ）

⑧日本語で～ウと長音で読まれる漢字は、韓国語では、～ングと読むものが多い。

王（オウ）　↓　ワング（왕）《例》王妃（ワングビ）
公（コウ）　↓　コング（공）《例》公園（コングウォン）
想（ソウ）　↓　サング（상）《例》想像（サングサング）

東（トウ）→トング（동）《例》東西（トングソ）
農（ノウ）→ノング（농）《例》農村（ノングチョン）
奉（ホウ）→ポング（봉）《例》奉仕（ポングサ）
用（ヨウ）→ヨング（용）《例》急用（クップヨング）

麻雀で「東」をトンと読みますから、この場合の韓国語の読み方は、もともとの中国の読みに近いのかもしれません。韓国人の中には、日本の東京を（トンギョング）と読む人が多いのもこのためです。京という字も、この規則に当てはまります。

動物というのも（トングムル）となります。

また、高等学校の「高等」は、二字とも日本語で～ウと読む漢字ですが、韓国語で高はこの規則が当てはまらず（コ）と読み、等のほうはこの規則どおり、（トゥング）と読みます。したがって「高等」では（コドゥング）です。ちなみに「高等学校」は、（コドゥングハクキョ）となります。

この①から⑧までは、漢字の日本語読みと韓国語読みとの関係の基本的な一般法則です。一部例外がありますが、頭に入れておけば、漢字の韓国語読みを勉強するのに役に立ちます。

「便紙」とはトイレット・ペーパーのこと？

さて、これでみなさんは、韓国語の単語を飛躍的に習得する足がかりをつかんだわけですが、ここで一つ注意しなければならないことがあります。

というのは、中国語の場合でも、日本語の漢語に対応する単語がなかったり、あってもまるで意味が違っているということがあって、よく笑い話などに紹介されていますが、これと同じようなケースが韓国語にも見られるのです。

たとえば、「経営」とか「芸術」とか「公園」という単語は、日韓ともに、同じ意味を持ちます。ところが、日本語の「見物」「家族」「手紙」という漢語を、韓国語読みして韓国人に話しても、まったく意味が通じません。実は、

「見物」は「求景（クギョング）」
「家族」は「食口（シック）」
「手紙」は「便紙（ピョンジ）」

と、言わなければなりません。「便紙」をトイレット・ペーパーのことかと思ったりし

てはいけないのです。

このような誤用を招きそうな単語は、日韓共通語に比べると、はるかに数は少ないのですが、基本的なものはぜひ知っておいたほうが、何かと話題のネタにもなりますし、印象に残りやすいので覚えやすいというメリットもあります。次にいくつか紹介してみましょう。

「喫茶店」は「茶房（タバング）」、　「果物」は「果実（クヮイル）」

「部屋」は「房（パング）」、　「勉強」は「工夫（コングブ）」

「郵便切手」は「郵票（ウピョ）」、　「切符」は「車票（チャピョ）」

「鮮魚」は「生鮮（セングソン）」、　「二階」は「二層（イチュング）」

「質屋」は「典當舗（チョンタングポ）」、　「下痢」は「泄瀉（ソルサ）」

「葬式」は「葬禮式（チャングレシク）」、　「返事」は「対答（テダプ）」

「本」は「冊（チェック）」、本の一冊、二冊の「冊」は、「巻（クォン）」

紙の一枚、二枚の「枚」は、「張（チャング）」

酒の一杯、二杯の「杯」は、「盞（チャン）」

「漢字の読み方・日韓比較表」の上手な使い方

さて、例外の話はひとまず措《お》くとして、先ほどの八項目の規則性を足がかりに、もっとくわしく知りたい人のために、漢字の日本語読みと韓国語読みとの比較を、さらにくわしく分析・整理して、五十音順に示した表を、巻末の245ページ以降に掲載しました。ぜひ、活用してください。

その表では、韓国語の発音は、片カナとハングル文字とで示してあります。韓国語の発音は、片カナでは、正確に表わすことができません。ですから、この表も、ハングル文字を覚えてから、もう一度見直してください。その時、ハングル文字と、片カナとを、見比べてみると、片カナで何を示そうとしているのか、お分かりになると思います。

繰り返しになりますが、特に～ク、～ル、～ムなどと書いてあるのは、ku、lu、muではなく、母音のないk、l、mを示しています。

この表は全部覚えてください、などと言う気はありません。一応眺めていただいて、具体的な漢字について、そのつど、この表で確かめていただけば充分です。

ところで、この表の中で、一番注目されるのは、カ行です。日本の漢字の振りガナは、最近では、簡略化されて、現代の実際の発音のとおりに書くことになっています。

以前は、同じく、カと読みながら、加や歌は、カですが、果や科はクヮと振りガナしないと叱《しか》られました。一番ひどいなと思ったのは、蝶《ちょう》はテフでないと誤りでした。当時でも、果や科も、加や歌とまったく同じように、カと読んでいましたし、蝶はチョウと読んでいましたから、子ども心に、変なことだと思ったのを忘れません。

漢和辞典を引いてみますと、クワとカの区別がありますし、テフと書いてあります。これは、中国音を真似た音読みでして、昔はこの振りガナのとおり、クワ、テフと発音したのでしょう。

韓国語では、今でも昔の発音を残しています。可や歌はカ＝가[ka]ですが、果や科はクワ＝과[kwa]ですし、蝶はチョプ＝접と、フに相当するㅂの音があります。

韓国語の漢字の読み方と日本語の読み方とを比較するときには、日本語のほうも古い振りガナ、つまり呉音、漢音などと呼ばれるものを、使ったほうが分かりやすいのです。

そこで、表の中には、必要に応じて、（　）内に古い音が書いてあります。古い音と韓国読みと対照してください。

たとえばコウでは、口、工、后は、（コウ）ですが、考、校、航は、（カウ）ですし、オウでは、王は、（ワウ）ですし、桜は、（アウ）です。

また、カ行は韓国語では、カ行とクヮ行とになるほか、ハ行とファ行とになります。

表の中で、ナ行とラ行では、（　）の中に、別の発音が書いてあります。韓国では、語頭のn音とr音は、発音しにくいので、その漢字が語頭に来るときだけは（　）内の音に変わって読まれるのです。

たとえば「女」という漢字では、「女子」はヨジャ（여자）で、この場合の女はヨと読み、「婦女」ではプニョ（부녀）で、このときの女はニョと読みます。

歴という漢字では、「歴史」はヨクサ（역사）で、歴はヨクと読み、「経歴」というときは、キョング・リョクというように、リョクと読みます。

このように、巻末の表は、そのつど、開いて調べてみたり、ぼんやり眺めたりして、大体のカンをつかんだりするのに、ぜひ活用していただきたいと思います。

〈動物の鳴き声と韓国語〉

英語で犬の鳴き声をbow-wow（バウワウ）、にわとりはcock-a-doodle-doo（コックアドゥードゥルドゥー）と表わすと聞いたときは、たいへん驚いたものです。別に動物が、日本語と英語とを使い分けているわけではありませんが、同じ鳴き声が国民によってずいぶん違って聞こえるものです。では、韓国語の場合はどうでしょうか。

動物の名まえ《韓国語》	日本の鳴き声	韓国の鳴き声
犬（개 ケ）	ワン	멍멍（モングモング）
猫（고양이 コヤングイ）	ニャア	야옹（ヤオング）
牛（소 ソ）	モーウ	음매（ウムメ）
馬（말 マル）	ヒヒーン	히힝（ヒヒング）
羊（양 ヤング）	メーエ	매매（メメ）
ねずみ（쥐 チュイ）	チュウチュウ	찌익찍（チイクチク）
にわとり（닭 タク）	コケコッコ	꼬꼬댁꼬꼬（ココデックココ）
からす（까마귀 カマグィ）	カァカァ	까악까악（カアクカアク）
蛙（개구리 ケグリ）	ゲッコゲッコ	개골개골（ケゴルケゴル）

3章

韓国という国と、固有のことば

――その風土、歴史、伝統、知られざる隣国の素顔

李源万《イウォンマン》さんの願い

私の韓国における知人の一人である李源万（イ・ウォンマン）さんは、一代で大会社を築き上げた大実業家です。やがて八〇歳に近いというのに、六〇歳代にしか見えません。

一夕、李《イ》さんに宴会に招かれたことがありました。李さんは、楽しそうに、盃を傾けながら、流暢《りゅうちょう》な日本語で、よく話をされました。

戦争前に人生の前半を送られた李さんが、日本や日本人に対して、どんな考えを持っておられるのかということに、私は大きな興味がありました。

やがて、李さんは、次のような話を熱っぽく始められました。

「韓国にとっても、日本にとっても、これほど近い外国はありませんし、こんなに似た外国もありません。距離が近いだけではありません。住んでいる人間も似ていますし、文化的にもこれほど深い関係の国は、ほかにはありません。

このような両国の国民同士が、仲よくできないはずはないし、また仲よくしていかねばなりません。

ところが、残念なことに、韓国人の中には、一番嫌いな国は日本だと言う人が、たくさんいます。日本人にも韓国は嫌いだと言う人が多いと聞いています。もちろん、明治以降の不幸な歴史が関係していることは事実です。

では嫌いだと言っている人たちが、実際に日本に行って見、韓国に来て見たうえで、そのように言っているのかというと、そうではなさそうです。むしろ、韓国を見たことのない人や、日本に行ったことのない人が、変な先入観で、嫌いだと言っていることのほうが多いようです。

私は日韓親善の根本は、お互いによく知り合うことだと思っています。頭で想像したり、新聞や雑誌で読んだだけで好き嫌いを言うのではなくて、日本人は実際に韓国へ来て見る、韓国人は日本に行って見る。そして、よい所も悪い所もよく見て、その上で、好きとか嫌いとか言うべきです。

皆さんも、こうして韓国に来ていただいて、日本で想像していたとおりの韓国でしたでしょうか。たぶん想像していたことと、ずいぶん違ったところを見つけられたのではないでしょうか。

私は、韓国人は日本を知らず、日本人は韓国を知らないで、好き嫌いを言っている今の状況は、一番悪いし、何とかして直していかねばならないと思っています。

一番大事なことは、頭の軟らかい若い人たちに、相手の国を見てもらうことです。私は、日本の高等学校の生徒さんたちに、ぜひ自分の眼で、韓国を見てもらいたいと思います。ソウル、蔚山（ウルサン）、麗水（ヨス）などの、近代韓国だけでなく、農村も見てもらいたいし、慶州（キョングジュ）の歴史も見てもらいたいと思います。

そして、日本の若い人の中に、韓国を知っている人たちを増やしていきたいのです。それが、日韓親善の一番の根本になると考えています。

そのために、快適な宿舎を提供できるよう、私は微力を尽くしているのです」

李さんのお話は、なるほど、よいことだなと感銘深く承《うけたまわ》りました。ただその時、私の頭にあったのは、韓国を訪れる日本の高等学校の生徒たちが、少なくともハングル文字が読めて、片言でも韓国語が分かったらなぁ、ということでした。

そのために本書が少しでも役立てられるなら、というのが私の夢であり、願いなのです。

韓国国旗は何を表わしているか

さて、ここで韓国という国について紹介をしてみましょう。漢字の韓国語読みに慣れるちょうどよい機会ですから、漢字ごとに韓国語の読み方も練習してみてください。なお漢字には、韓国読みを、片カナとハングル文字で書いてあります。

韓国（ハングック、한국）は、大韓民国（テハンミングック、대한민국）というのが正式の国名で、韓国はその略称です。たいていの場合、大韓民国と呼ばないで、略称の韓国ですませてかまいません。ただ、朝鮮という表現は、嫌われていますから、注意しなければなりません。

とくに（チョソン조선）なら、まだともかく、日本語読みの（ちょうせん）は、絶対にやめたほうがいいでしょう。その理由は、朝鮮（ちょうせん）という響きが、戦前の日本植民地時代（韓国では日帝時代という）を想起させ、著《いちじる》しく不快感を生じさせるからです。

加えてもう一つの理由は、「朝鮮」イコール北朝鮮、つまり朝鮮民主主義人民共和国というイメージがあることです。

私の同僚に、こんな経験をした人がいます。もう一〇年近く前のことですが、赴任先の地方都市で食堂に入りました。彼はメニューを見るのに辞書を使って注文し、食事をしていたそうです。すると、間もなく警官が入ってきて、彼は、いきなり署まで連行されてしまいました。本人は、何がどうしたのだかさっぱりわかりません。

真相はこうでした。彼が食堂で見ていた辞書は「日朝・朝日辞典」といい、ちょうど英和と和英を兼ねたような便利なものだったのですが、日本では、どちらかというと北朝鮮系と見られる出版社が発行したものでした。それを見たウエイトレスは、これは北朝鮮のスパイだと思って、警察に通報したというわけです。

さいわい、彼は当地の警察署長と顔見知りの関係だったので、事情を説明してすぐ帰してもらえましたが、あわやスパイ扱《あつか》いされるところでした。南北の緊張関係を物語るエピソードと言えるでしょう。

さて、次に韓国の国旗（クッキ、국기）をよく見てください。何か意味のありそうな国旗ですね。この旗は、儒教《じゅきょう》（ユギョ、유교）の国・韓国らしく、易経《えききょう》（ヨクキョング、역경）の陰陽道《おんみょうどう》の考え方に拠《よ》ったものなのです。

中央の円形は、太極《たいきょく》（テグク태극）を表わしています。その中の赤は陽《よう》（ヤング양）を表わし、青は陰《いん》（ウム음）を表わしています。太極とは、易学《えきがく》（ヨクハク、역학）において、万物の生ずる根元と考えられているものです。また万物は、陰と陽とでできていると考えます。

太極の周りには、易学の八卦《はっけ》（パルクェ、팔괘）の中の四つが書いてあります。それは、☰、☷、☲、☵の四つで、ちょっと見ると、みな同じように見えますが、よく見ると、組

〈韓国の国旗〉

合わせ方が違います。

基本的には⚊と⚋の組合わせですが、☰は、乾（コン건）と呼んで、陽を表わし、太陽や天を意味し、方角では東を表わします。

これと対照的なのは、☷で、坤《こん》（コン곤）と呼ばれ、陰を表わし、地を意味し、方角では西を表わします。

☲は、離《り》（イ이）と呼ばれ、火を意味し、方角では南を表わします。

☵は坎《かん》（カム감）と呼ばれ、水を意味し、北を表わします。

ですから、この国旗には、宇宙の中心である太極を囲んで、天、地、火、水または、東、西、南、北があるわけです。また日本の国旗が、日の丸とか、日章旗と呼ばれるよう

に、韓国の国旗は、太極旗（テグクキ、태극기）と呼ばれています。

韓国の山、川、都市

韓国は、半島国家ですから、三方を海で囲まれています。面積の割りに、海岸線が長く、島が多いのが特徴です。人口は四〇〇〇万人強で、日本の三分の一、面積は九万八五〇〇平方キロで、日本の四分の一強です。国土の七〇パーセントが山地です。山脈が、東側に片寄っているので、東側は平地が狭く、西側は平地が広い。東へ流れる川は短く、大きい川は、西へ流れています。

山は、あまり高い山はなく、二〇〇〇メートル以下で、

漢拏山　ハルラサン　한라산
智異山　チリサン　지리산
雪岳山　ソラクサン　설악산

などが有名です。

最高峰は標高一九五〇メートルの漢拏山ですが、本土ではなく、韓国随一の観光地である済州島（チェジュド）にあります。頂上には、火山の名残である白鹿潭（ペㇰノㇰタム）が水をたたえ、麓から頂上に至る登山路は、高山植物の宝庫といわれています。

次に、おもな河川としては、次の三つが有名です。

漢江　ハンガング　한강（ソウル市内を流れ、黄海に出る）
錦江　クムガング　금강（公州、扶餘を流れ、黄海に出る）
洛東江　ナㇰトングガング　낙동강（釜山を流れ、朝鮮海峡に出る）

大きな都会は、次の五都市です。

ソウル（みやこの意味ですが、韓国固有語で、漢字はありません）　서울
釜山　プサン　부산
大邱　テグー　대구
仁川　インチョン　인천

大田　テジョン　대전

日本の桜のように、〝むくげ〟が韓国の国花（ククファ、국화）です。むくげは、ムグングファ（無窮花、무궁화）といい、いろいろな所のデザインに使われています。

韓国の行政区画は、日本と呼び方が違います。日本の県に当たるものは、道（ト도）と呼びます。市は市（シ시）、郡は郡（クン군）で同じですが、村は面（ミョン면）町は洞（トング동）、丁目は街（カ가）で、日本と呼び方が違います。番地は番地（ポンチ、번지）で同じです。

道は、次の九道です。93ページの地図を見て確かめてください。

京畿道	キョングギ・ド	경기도
江原道	カングウォン・ド	강원도
忠清北道	チュングチョング・プクト	충청북도
忠清南道	チュングチョング・ナムド	충청남도
慶尚北道	キョングサング・プクト	경상북도

〈韓国の略地図〉

雪岳山
板門店
臨津江
春川
五台山
京畿道
江陵
江華島
ソウル
江原道
仁川
漢江
太白山
水原
忠州
忠清北道
安東
忠清南道
俗離山
慶尚北道
扶餘
鶏竜山
大田
浦項
大邱
錦江
全州
伽倻山
慶州
全羅北道
蔚山
内蔵山
慶尚南道
智異山
馬山
釜山
光州
洛東江
全羅南道
忠武
木浦
麗水
閑麗水道
済州道
済州
漢拏山
済州島

慶尚南道　キョングサング・ナムド　경상남도
全羅北道　チョルラ・プクト　전라북도
全羅南道　チョルラ・ナムド　전라남도
済州道　チェジュ・ド　제주도

結婚しても姓が変わらない韓国の女性

韓国人の姓は、ほとんどが一字の漢字です。中でも、**金**（キム김）という姓が多いのです。金という姓は、全体の二一パーセントといいますから、四人か五人に一人は金さんです。

金さんに次いで、**李**（イ이）さんと、**朴**（パク박）さんが、それぞれ八・五パーセント、**崔**（チュェ최）さんが四・五パーセントで、この四つの姓で、半分近くになります。

そのほか、多い順番に、**鄭**（チョング정）、**趙**（チョ조）、**姜**（カング강）、**張**（チャング장）、**韓**（ハン한）、**尹**（ユン윤）、**呉**（オ오）、**林**（イム임）、**申**（シン신）、**安**（アン안）、**宋**（ソング송）、**徐**（ソ서）、**黄**（ファング황）、**洪**（ホング홍）、**全**（チョン전）、**権**（クオン권）、**柳**（ユ유）、**高**（コ고）、などです。

これだけ金《キム》さんや李《イ》さんが多いと、思わぬことが起こります。これは私の知り合いの部下に当たる人の話ですが、妙齢の美しい韓国女性と、なんとかデートの約束を取りつけ（本人はそのつもりだった）、約束の時間に待っていましたが、いくら待っても、その女性は現われません。

そこで、これは何かの行き違いがあったのかと、彼女の勤め先に電話をかけたそうです。その女性の姓字は、「金《キム》」でした。「もしもし、金《キム》さんはいらっしゃいますか」とでも言ったのでしょう。ところが、その会社にはそのフロアだけでも十何人もの金さんがいて、あまり韓国語が上手でない彼は、とうとう、目当ての金さんを電話口に呼んでもらうことができなかったそうです。

韓国では、こんなことは特に珍しい話でもなんでもありません。韓国の人と知り合ったら、必ずフルネームで覚えておくのは鉄則といえるでしょう。

日本と違うのは、結婚しても、女性の姓は変わりません。李さんの奥さんが、金さんであったりします。これは中国でも同様ですが、このことを見て、「韓国や中国では、女性の人権が尊重されていて、日本より進歩的だ」と考えるのは、少し早計のようです。というのは、韓国では一族意識がひじょうに強く、その家系図である「族譜」（チョクポ）は、日本人には想像もつかないほどの重みを持っているからです。

つまり「結婚した女性の姓が変わらないのは、夫の家系に入れてもらえない、つまり員《いん》数《ずう》外という意味なのです」と、共同通信の前ソウル特派員だった黒田勝弘《くろだかつひろ》氏は、その著書『韓国人の発想』（徳間書店刊）の中で述べておられます。

金さんの、「さん」という言い方は、今では、「ミスター」や「ミス」もよく使われて、「ミスター・パク」「ミス・イ」などと呼ぶことも多いようです。氏（シ씨）も使って、「キムシ」とも言いますが、丁寧には、「キム・ソンセングニム」と呼びます。ソンセング（선생）は「先生」の韓国語読みです。さらに、それに「様」に相当するニム（님）をつけて「金先生様」というわけです。

日本では、目上に対しても鈴木社長とか渡辺課長などと、職名をつけて呼び、それで尊称となっていますが、韓国では、そのうえにさらに、ニム（님）をつけて、金社長님（キムサジャングニム、김사장님）とか、李課長님（イクヮジャンニム、이과장님）などと呼びます。しかも、韓国では、外部の人に対しても、身内の人間を呼ぶのにそのまま敬称をつけます。

韓国の取引き先に電話を入れたところ、流暢な日本語で「ただいま李社長様は、外出なさっています」と言われて面喰らったという同僚もいました。

挨拶は、男性同士の間では、握手、女性に対しては、日本とおなじように、おじぎが普通です。

店やレストランで、店員やボーイを呼ぶのには、「ヨボセヨ、여보세요」と言います。これは日本語の「もしもし」に相当します。電話の、「もしもし」も同じで、ヨボセヨです。相手が女の子でしたら、「アガシ、아가씨」と呼んでもよいでしょう。アガシは娘さんという意味です。

いまでも、父親の前で煙草を喫《す》うのはタブー

韓国人の若い社員が集まって、会議をしている部屋に、用事があって入っていったことがありました。ちょうど真夏の日中でしたので、みな上衣を脱いでワイシャツ姿でした。ところが私が入ってくるのを見ると、全員立ち上がって、椅子の背に掛けていた上衣を着、ボタンを掛けて挨拶するのです。その礼儀正しさは、以前の日本ならともかく、今の日本では見られない光景でした。

ある時、韓国の友人に、この若い人たちの礼儀正しさに驚いたことを、話してみまし

た。日本をよく知っているその友人は、

「韓国（ハングㇰ、한국）は、儒教（ユギョ、유교）の国でした。今から六〇〇年ほど前、李氏朝鮮（イシ・チョソン、이씨조선）という国となり、五〇〇年続きました。李氏朝鮮では儒教を国教と定めましたので、社会の何から何まで儒教となりました。

日本の方にお話ししても、よくおわかりいただけないかもしれませんが、日本も儒教を大切にはしましたが、韓国のそれは、程度が違いました。李朝では、国民の生活規範のすべてを、儒教で統一しました。細かい、やかましい礼儀作法が定められて、それを忠実に守らないと生きていけない状態でした。

なかでも年齢の上下は絶対でして、家の中での父親の権威は絶対でしたし、家の外でも、年長者に対して礼を欠くことは、許されないことでした。

私たちの子どものころには、父親に口答えすることなど、思いもよらないことでしたし、父親の前で寝そべることも許されませんでした。今ではずいぶん変わりましたが、田舎では、今でも、父親の前で煙草は喫《す》えません。どうしても喫いたければ、後ろを向いて喫うのです。そんな環境で育ちましたので、日本の方から見ると、礼儀正しく見えるのかもしれません」

と話してくれました。

崔炳璉《チュエビョンリョン》氏の『韓国語と日本語と』（講談社刊）にも、ちょうど似た話が載っていますので、紹介してみましょう。

「어른《オールン》の面前では、若い人たちの喫煙などもってのほかなのは言うまでもないが、吸いかけの煙草《たばこ》も어른《オールン》がお見えになれば、後手に隠して揉《も》み消すのが、その어른《オールン》に対する礼儀である。ましてや어른《オールン》の面前において、煙草をくわえたまま、ぷかぷかと煙を吐き出したりしていたとすると、それこそ極道者《ごくどうもの》扱いされて、村中の袋叩きに合うことは間違いない」

어른《オールン》とは、父親や村の長老など、自分より目上の人のことをいいます。煙草ばかりでなく、お酒の場合も同様で、

「어른《オールン》と差向《さしむか》いに酌《く》み交《か》わすなんて気づまりなのであるが、煙草の場合よりはいくらかゆとりがあって、어른《オールン》から勧められた場合には膝《ひざ》をついてすわりなおし、両手で盃《さかずき》をいただき、顔をそむけるような恰好《かっこう》で、やや横向きに口にするのである」

といいますから、その徹底ぶりには驚かされます。

日本でも、徳川時代以来、儒教はずいぶん盛んで、われわれも学校で『論語』を漢文の教材として教わりましたが、これはいわゆる、聖賢《せいけん》の教えで、道徳や礼儀のあるべき姿の

教えであると考えていましたし、仏教やキリスト教のような宗教とは別なものと考えていました。

韓国では、儒教は、仏教やキリスト教と並ぶもののようです。韓国人の七割は、何か宗教を持っていますが、その順番は仏教、儒教、プロテスタント、カトリックの順だといいます。葬式も、仏教やキリスト教に拠《よ》るものも多いが、一番多いのは、儒教に拠るものだということです。われわれの感覚とは違うようです。

ソウルの混み合った町の中や、デパートの中などで、乱暴に人を押しのけて歩いて行く若い人も、結構多いのを見ていた私には、韓国の知らなかった一面でした。韓国を訪れる人は、心得ていないと、思わぬ誤解を受けるかもしれません。

字の読めない人がほとんどいない、もう一つの国

日本では、まったく文字が読めない、書けないという人は、まったくいません。日本の中にいると、それが当たりまえのように思えますが、世界では、こんな国は数少ないのです。

韓国も、その数少ない国の一つで、字の読めない人の率は零《ゼロ》に近く、教育の普及は非常

なものがあります。

高速道路の上から見かける大きな建物は、たいてい学校で、学生服の学生たちが、遥《はる》かに遠い学校へ、畠の中の道を歩いて登校して行くのをよく見かけました。

学校の制度は、日本と同じです。ただ呼び方が多少違います。

日本の小学校に相当するのが、義務教育の、

国民学校（クㇰミン・ハㇰキョ、국민학교）の六年

その上に、

中学校（チュング・ハㇰキョ、중학교）の三年

高等学校（コドゥング・ハㇰキョ、고등학교）の三年

大学校（テ・ハㇰキョ、대학교）の四年があります。

大学校のほかに、

短期大学校（タンギ・テ・ハㇰキョ、단기대학교）

専門学校（チョンムン・ハㇰキョ、잔문학교）

があるのも、日本と同じです。

大学校の中の、日本の学部に当たるものを、単に大学（テハㇰ、대학）と呼びます。たとえば、「韓国外国語大学校（ハングㇰ・ウェグゴ・テ・ハㇰキョ、한국・외국어대・학교）・師範大学（サ・ボム・テハㇰ、사범대학）・韓国語教育科（ハングゴ・キョユㇰクヮ、한국어・교육과）」といいますと、日本流に言えば「韓国外国語大学・師範学部・韓国語教育科」ということになります。

韓国史を彩《いろど》る三つの古い都

ソウルの町を歩いてみると、東京の町とあまり変わりません。高層ビルが立ち並び、自動車の数も多い近代都市です。その近代都市の大通りの真ん中に、昔、ソウルの町を囲んでいた城壁の門の一つだった南大門（ナム・デ・ムン、남대문）が、そのまま国宝一号として保存されているのが印象的です。

韓国は現代と、古い歴史との両面を持った、古くて新しい国なのです。韓国には、古い昔の首都が三つあります。ソウルと、慶州（キョングジュ、경주）と、扶餘（プヨ、부여）の三つです。この三つの都市には、それぞれの時代の、歴史の遺跡が残されています。

ときは六世紀、日本の欽明《きんめい》天皇の頃、朝鮮半島（チョソン・パンド、조선반도）には、北方に高句麗《こうくり》（コグリョ、고구려）、南西に百済《くだら》（ペクチェ、백제）、東南に新羅《しらぎ》（シルラ、신라）の三国があって、三国時代と呼ばれていました。百済からは、漢字や仏教が日本に伝えられたといいます。やがて、高句麗が滅び、百済も新羅に滅ぼされて、六七六年には、新羅が初めて全国を統一しました。これは、中国では初唐の時代に当たり、日本では、天智《てんじ》天皇の時代でした。

九二六年には、高麗《こうらい》（コリョ、고려）が新羅を滅ぼして、これに替わりました。日本では醍醐《だいご》天皇の治世で、平 将門《たいらのまさかど》の乱の頃でした。一三九二年、日本では後小松天皇の時代で、足利義満《あしかがよしみつ》が将軍の頃ですが、李氏朝鮮（イシ・チョソン、이씨조선）が高麗にとって代わり、明治の時代まで続きました。

李氏朝鮮の首都が、京畿道（キョングギ・ド、경기도）の今のソウルで、新羅の首都が、慶尚北道（キョングサング・プクト、경상북도）の慶州（キョングジュ、경주）であり、百済の首都が、忠清南道（チュングチョング・ナムド、충청남도）の扶餘（プヨ、부여）です。

この三都市には、往時を偲《しの》ばせる遺跡が、数多く残っています。

中でも、慶州は、新羅時代の遺跡が多く、町全体が博物館だと言われるほどです。韓国一の観光都市であるだけでなく、学術的にも、重要な都市です。

妓生《キーセング》たちの本当に細《こま》やかな心づかい

妓生（キーセング、기생）パーティに招かれたことがあります。ソウル市内の小高い所にある立派な料亭で、玄関に三清閣と書いた大きな額が掛けられていました。サム・チョング・カク、삼정각と読むと教えられました。

さて、三清閣に入ると、温突（オンドル、온돌）のある大きな室に、人数だけの座布団が壁に沿って並べられ、時代物らしい絵や、大きな壺が飾られていました。食前の「おかゆ」と酒が出されました。ここは、実は控えの間であって、しばらく雑談してから隣りの宴会場に案内されました。

ここも同じような造りの温突の室で、大きなテーブルのまわりにお客と妓生とが交互にすわります。キーセングという言葉は、すっかり日本人になじんで、日本語になっていますが、妓生という漢字の韓国語読みです。

妓生は、接客係の若い女性で、色とりどりの伝統的な韓国服の、チマ・チョゴリを、美しく着飾っています。英語か日本語を話し、なかなか教養のある美人ぞろいでした。どうやって定めるのか知りませんが、妓生には一人ずつお客が指定され、宴会の間じゅう、その特定のお客のサービスに専念することになります。お客の右側にすわった妓生が、そのお客の妓生で、左側の妓生は、何か頼んでもやってくれません。

係の妓生は、それこそ献身的なサービスぶりで、テーブルの上のたくさんの皿から、次々と料理を取ってくれたり、盃《さかずき》に酒が少ないと見ると、さっと酒を注《つ》いでくれるばかりではありません。顔色や食べぶりをうかがっていて、気に入った料理を見きわめて、その料理を特別たくさん取ってくれます。

ちょっと話に熱が入って、箸《はし》のほうがお留守だと見ると、箸を取って食べさせてくれたりします。まことに至れり尽くせりで、ちょっとした王様気分になります。仕事とはいえ、その熱心さは驚くばかりです。ゴルフ場のキャディさんたちがそうであったように、妓生たちも、仕事を楽しんでやっているように見えて、義務的な感じがしません。

そう言えば、蔚山（ウルサン）の工場の試運転の指導に行った同僚が、

「とにかく、みな熱心なんです。休憩時間も関係なく、知らないことは、できるだけたくさん覚えようとして真剣なのには、頭が下がります。それに、日本のようにむきになったり、肩肱《かたひじ》張った感じがなくて、いつも明るく楽しそうなのには感心します。それから、女

性がよく働くのにも驚きます。会社に一番先に出て来て、一番遅く帰るのが女性で、時間中も楽しそうに、ほんとによく働くんです」

と話していたのを思い出します。

宴《うたげ》が進むと、酒は清酒から韓国産のウイスキーに変わり、やがて盃《さかずき》の献酬が始まります。遠くの方から、

「水谷さん、乾盃《かんぱい》」と声がかかります。これは大変だ、ウイスキーのストレートで付き合っていたら、参ってしまうなと思っていると、妓生は心得たもので、グラスに水割りを作って、それを少しずつ盃に注いでくれます。

やがて歌が出たり、妓生とダンスをしたり、ほんとにリラックスした楽しい宴会でした。

「ミスター・スー・コック」とは誰のこと?

係の妓生は、日本語より英語が上手でした。名前を聞くと「金英珠」と紙に書いてくれました。

「ミス・キン・エイジュ?」

と聞くと、

「ノー・キム・ヨングジュ」

と言いながら、Kim yongju と書いてくれました。

私が水谷と書くと、

「ミスター・スー・コック」

と読んで、いたずらっぽく笑います。韓国語では、水はスー、谷はコックと読みます。ミズタニと読むんだと教えると、何度も繰り返して、覚えようとします。

東京と書いて、ここに住んでいると言うと、

「あ、トングギョング」と答えます。ためしに大阪と書くと「テパン」と読みました。

やがて、宴が終わって、散会となりましたが、この妓生との会話は、心に残りました。

実は、私はそれまで、友人に羅さんをラさん、田さんをデンさん、崔さんをサイさんと、平気で呼んでいましたが、考えてみれば、私がスー・コックさんと呼ばれているのと同じことです。

地名にしても、何とも思わないで、

「仁川（ヂンセン）に行ってみたい」とか、「慶州（ケイシュウ）は印象的でした」

などと言っていましたが、これも東京をトングギョング、大阪をテパンと読んで、「トングギョングから来ました」とか、「テパンに行きます」と、日本人に向かって言っているのと同じことになります。

少なくとも、人名や地名は、韓国流に読まなくてはいけないな、とあらためて強く思いました。

ところで、キーセン・パーティで、好みの女性を指名できるかどうかということをときどき聞かれますが、これはほとんど無理なようで、原則として、席の配列は、どうやらその店の亭主の一存で決まるらしく、席に着いたあとで、交換するということもできません。

これは同僚のSさんの話ですが、お客を接待したときに、席に着いたあとで、日本語のできるキーセンをその客につけようとして（Sさんは気をきかせたつもり）、特別にキーセンを取り換えてもらったことがあるそうです。

ところが、後日伝え聞いたところ、その後で、席を換えられたキーセン（A嬢）が、換わって席に着いたキーセン（B嬢）に対して猛烈に文句をつけ、大騒ぎになったそうです。A嬢にしてみれば、B嬢が店の亭主に手をまわして席を換えさせたのだ、と思いこんだらしいのですが、彼女たちはそれほどのプライドを持っているわけで、席についでは、先方に任《まか》せておくに限ります。

その代わり、仮に自分についたキーセンが日本語をまったく話せなくとも、楽しめないというようなことは、けっしてありません。それほど彼女たちのサービスは、献身的でゆきとどいたものです。

「わたし、あなた」は、漢字語とは無関係

さて、おしゃべりが続きましたので、このへんでまた、韓国語の話に戻りましょう。

1章の終わりで韓国語の単語は、
①韓国の固有語　②漢字語　③欧米外来語
の三種類に分けられると、述べました。このうち、①の韓国の固有語について、少し述べていきたいと思います。

日本語に、日本の固有語があるように、韓国語にも、韓国の固有語がたくさんあります。固有語は、その国にそれぞれ固有のものですから、両者の間には、何の関係もありません。ですから韓国の固有語については、日本語からの類推はできないので、基本的には

頭から覚えるより仕方ありません。

日本では、漢字の訓読みができたために、日本の固有語にも、漢字が使えるようになりましたが、韓国では、漢字は音読みばかりで、訓読みはありませんから、固有語を漢字で書くことはありません。

たとえば、ソウル（서울）は、「みやこ」という意味の韓国固有語ですが、日本語のように、「みやこ」に「都」という漢字を当てることはないので、ハングル文字のほかに書き方はありません。

「わたくし」は、韓国語では、나（ナ）または저（チョ）といいます。これも韓国固有語ですから、日本語のように、「私」という漢字を当てることはなく、書くときは、ハングル文字で書くより仕方ありません。

わたし、あなた、その人などは常に出てきますので、この際覚えてしまいましょう。

わたし　저（チョ）、または나（ナ）
あなた　당신（タングシン）
その人　그사람（クサラム）

この方　이분（イブン）
だれ　누구（ヌグ）

などです。日本語の中に入れて、「ヌグですか」とか、「ナです」などと言ってみるのも、覚える手段となります。

ただし、韓国語では、敬語は日本語以上にやかましく、「わたし」も目上に向かって言う場合と、目下に対してでは、厳密に区別されています。日本でも目上に対しては、「わたくし」と言い、「おれ」とか「僕」とか言わないのと、同じことです。

저《チョ》は目上に対して使い、「わたくし」に相当します。それに対して나《ナ》は、「僕」に相当します。

したがって、私などは、もう年を取っていますから、誰に対しても「나《ナ》」ですませられますが、若い人の場合は、「저《チョ》」で通すほうが無難でしょう。

「あなた」も、目上に対する場合、目下に対する場合と、いろいろありますが、丁寧には、당신（タングシン）です。これだけは、当身という漢字語の韓国語読みです。この用法には注意が必要です。日本では、目上の課長、部長に対しては、○○課長、○○部長と

呼び、「あなた」とは呼びません。韓国でも同じですから、日本では「あなた」と呼ばないと思う時は、韓国語でも、絶対に당신（タングシン）を使わないことです。

「われわれ」は、**우리（ウリ）**です。

「この方」は**이분（イブン）**、または**이사람（イサラム）**です。

이（イ）は「この」という意味、분（プン）は「お方」、사람（サラム）は「人」という意味です。

「その」は그（ク）、「あの」は저（チョ）ですから、

「その人」は、**그분（クブン）**、または**그사람（クサラム）**

「あの人」は、**저분（チョブン）**、または**저사람（チョサラム）**です。

幸いなことに、韓国語と日本語とは、文法がほとんど同じで、文章の語順も同じですから、日本の文章のまま、単語だけを韓国語の単語に置き換えることができます。

「우리《ウリ》は日本人です」「저분《チョブン》を呼びましょう」などと韓国固有語の単語に置き換えて、使ってみると覚えやすいでしょう。

「誰」は**누구（ヌグ）**です。これも韓国固有語ですから漢字はありません。「저분《チョブン》は누구《ヌグ》ですか」などと言ってみてください。

「여기《ヨギ》にある物を、어디《オディ》に運びますか」

次に場所の「ここ」「そこ」などの言い方を覚えましょう。買い物をするにも、「これ」「それ」などは知っていると便利です。これらも、みな韓国固有語ですから、漢字はありません。

まず「この」「その」「あの」と、自分の近くから、遠くに離れるにつれて、이（イ）、그（ク）、저（チョ）であることを覚えておくと便利です。

たとえば「その山」は、그《ク》 산《サン》（山）ですし、「あの店」は、저《チョ》 가게《カーゲ》（店）です。

これ　は　**이것（イゴッ）**

それ　は　**그것（クゴッ）**

あれ　は　**저것（チョゴッ）**

です。것（コッ）という単語は「もの」という意味ですから、これらの単語のもとの意味は、이것《イゴッ》が「このもの」、그것《クゴッ》が「そのもの」、저것《チョゴッ》は「あのもの」ということです。

「그것《クゴッ》を取ってください」などと使ってみましょう。

次に、方向を示す、리（リ）という単語の前に이、그、저が付くと、

こちら ── 이리（イリ）
そちら ── 그리（クリ）
あちら ── 저리（チョリ）となります。

ここ、そこ、あそこなど、場所を示す単語は、これまでと多少違います。

ここ ── 여기（ヨギ）
そこ ── 거기（コギ）
あそこ ── 저기（チョギ）となります。

どこ　は　어디（オディ）です。

「여기《ヨギ》にある物を、어디《オディ》に運びますか」「저리《チョリ》に行きます」などと覚えましょう。
ちなみに、トイレは化粧室、화장실（ファジャングシル）といいますから、「화장실　어디」を覚えておくと、困ったときにたいへん助かります。

〈韓国語の指示代名詞〉

	人	物	方向	場所
この 이（イ）	この人 이사람《イサラム》	これ 이것《イゴッ》	こちら 이리《イリ》	ここ 여기《ヨギ》
その 그（ク）	その人 그사람《クサラム》	それ 그것《クゴッ》	そちら 그리《クリ》	そこ 거기《コギ》
あの 저（チョ）	あの人 저사람《チョサラム》	あれ 저것《チョゴッ》	あちら 저리《チョリ》	あそこ 저기《チョギ》
どの 어느（オヌ）	だれ 누구《ヌグ》	どれ 어느것《オヌゴッ》	どちら 어느쪽《オヌチョク》	どこ 어디《オディ》

韓国固有の数の数え方

日本の、一（イチ）、二（ニ）、三（サン）、四（シ）、五（ゴ）、六（ロク）、七（シチ）、八（ハチ）、九（ク）、十（ジュウ）に対応して、韓国には、一（イル일）、二（イ이）、三（サム삼）、四（サ사）、五（オ오）、六（ユク육）、七（チル칠）、八（パル팔）、九（ク구）、十（シップ십）という数があって、これは、漢字語の数であるから、中国音を親とした、兄弟関係にあることは、前に述べました。

また、韓国には漢字語の数のほかに、先にも述べたとおり、韓国固有の数があります。もう一度紹介してみましょう。

1……하나　ハナ
2……둘　トゥル
3……셋　セッ
4……넷　ネッ
5……다섯　タソッ
6……여섯　ヨソッ

7……일곱　イルゴプ
8……여덟　ヨドル
9……아홉　アホップ
10……열　ヨル
11……열하나　ヨルハナ
12……열둘　ヨルトゥル

日本語にも「頭から、最初から」という意味で、「ハナから」という言葉があります。「ハナから相手にされない」とか「ハナから飛ばす」などと言いますが、この場合の「ハナ」と韓国語の「一」を表わす「ハナ」との関連を指摘する人もいます。

真偽のほどは学者にまかせておくとして、知っておくと覚えやすいことは確かです。

日本では、ヒトツ、フタツ、ミッツの固有の数は、ほとんど使わないですみますから、韓国語でも、この韓国固有の数は、覚えなくてもよいのかと思っていましたが、とんでもない誤りでした。ゴルフのスコアも、この数で数えることは、キャディさんに教えられましたが、車の台数、人の数、ビールの本数など、みな、この数え方で数えます。

서울（ソウル）の景福宮（경복궁、キョングボククング）を見物に、友人と三人で出かけたことがありました。習い始めたばかりの韓国語を使ってみるよい機会だと思って、

「私が入場券を買ってみます。三人だからサム・サラムと言えばよいでしょう」

　と言うと、友人は、

「いや、セ・サラムと言ってください」

とのことでした。

　人数は、このように、韓国固有の数で数えます。

　ところで、この場合セッサラム（셋사람）でなくて、セサラム（세사람）となったことにお気づきでしょうか。名詞の前にきたときは、ハナ（하나）、トゥル（둘）、セッ（셋）、ネッ（넷）は、ハン（한）、トゥ（두）、セ（세）、ネ（네）となります。少しややこしいのです。したがって自動車の一台は、ハンデ（한대）、お茶の二杯は、トゥジャン（두잔）、ビール四瓶は、ネピョング（네병）と言います。

〈ぜひ覚えておきたい韓国語の単語〉

(1) **曜日**——（漢字をそのまま韓国語読みします）

日曜日——일요일（イリョイル）
月曜日——월요일（ウォリョイル）
火曜日——화요일（ファヨイル）
水曜日——수요일（スヨイル）
木曜日——목요일（モギョイル）
金曜日——금요일（クミョイル）
土曜日——토요일（トヨイル）

(2) **四季**——（韓国固有語と漢字語と二種類あり 韓国固有語のほうが一般的です）

春——(韓)봄（ポム）(漢)춘（チュン）
夏——(韓)여름（ヨルム）(漢)하（ハ）
秋——(韓)가을（カウル）(漢)추（チュ）
冬——(韓)겨울（キョウル）(漢)동（トング）

(3) **方向**——（漢字語も使いますが、韓国固有語のほうが一般的）

前——앞（アプ）　**右**——오른쪽（オルンチョク）
後——뒤（トゥイ）　**左**——왼쪽（ウェンチョク）

(4) **時に関する単語**——（(韓)は、韓国固有語、(漢)は漢字語です）

朝——아침（アチム(韓)）
昼——낮（ナッ(韓)）
夜——밤（パム(韓)）
夕方——저녁（チョニョク(韓)）
去年——거년（コニョン(漢)）
今年——금년（クムニョン(漢)）
来年——내년（ネニョン(漢)）
昨日——어제（オジェ(韓)）
今日——오늘（オヌル(韓)）
明日——내일（来日、ネイル(漢)）
明後日——모레（モレ(韓)）

月、日、時刻の表わし方

★〔時刻〕

日本と違うのは、時刻を言うときの数です。○時□分という時刻の呼び方は、日本と同じで、時、分の漢字を韓国語読みして、○時（시シ）□分（분プン）と呼びますが、時の○は韓国固有の数を使い、分の□には、漢字語の数を使います。

どうして、そんな面倒な使い方をするのかと言われても、習慣ですから仕方ありません。日本でも昔は、時刻を表わすのに、明け六つとか、八つとか呼んだのに似ています。

「一時二〇分」は일시（イルシ）이십분（イシップン）ではなくて、한시（ハンシ）이십분（イシプン）ですし、

「三時一五分」は、세시（セシ）십오분（シボブン）です。

ですから、時刻を言うためには、一から十二までの韓国固有の数を覚えておかなければなりません。

そのほか、よく使われる表現の中で数字に関するものを整理しておくと、以下のようになります。

★〔日付〕

日付は、日本語では、フツカ、ミッカなどと、日本固有の数を使いますが、韓国語では、特別な固有語もありますが、漢字語の数字語で間に合います。日は일（イル）ですから、次のようになります。

一日は　일일（イリル）

二日は　이일（イイル）

三日は　삼일（サミル）

★〔月〕

月は、日本語と同じように、漢字語に月（월ウォル）をつけます。

一月は일월（イルウォル）

二月は이월（イウォル）

三月は삼월（サムォル）

ですから、
「一月十五日」は、일월（イルウォル）십오일（シボイル）
「十一月八日」は、십일월（シビルウォル）팔일（パリル）
となります。

★〔お金〕

韓国のお金の単位は、원（ウォン）です。お金は、漢字語の数を使います。
一ウォンは、일원（イルウォン）
二ウォンは、이원（イウォン）
一〇ウォンは、십원（シブウォン）
となります。

4章

ハングル文字を、最もラクに覚える法

——一〇の母音と一九の子音、あとはローマ字と同じ

ハングル文字を覚えずにすませる方法はあるのか

韓国語を学ぼうとする人にとって、最初でかつ最大の難関は、あのハングル文字でしょう。中には、「あれが字ですか」などと勝手なことを言う人さえあります。

実際、韓国に行くと、記号のようなハングル文字ばかりが目につきます。店の看板から道路標識まで、すべてハングル文字で、漢字は本当にごくわずかです。

ハングル文字をむずかしく感じさせている原因の一つは、아と어、ㅛとㅜというように一見して似ているようで、その実、違うという字が多いということがあります。幼児が日本語のカナを覚え始めのときに、トをイと書いたり、サをせと書いたりすることがありますが、それと同じで、似ていて違うということが、かえって混乱に拍車をかけているのです。

その結果、たいていの日本人がハングル文字を敬遠し、韓国語を覚えようとしないのです。私も、その仲間の一人でした。そこで私はハングル文字に触れずに、韓国語を勉強できないものかと考えました。そこであるとき、英文で書かれた韓国語の入門書を書店で見つけ、大喜びで買ってきました。

ところが、少し読んでみると、英語で韓国語を勉強しようとするのは、少なくとも日本

人にとってはかえって回り道であり、間違いであることが分かりました。それは韓国語が、もう何度も述べてきたように、

①日本語と文法が同じ

②日本語と語源を一にする漢字語が多い

という事情を考えれば、当然のことでした。

結局、韓国語習得のためには、どんな近道を通ろうと、手抜きをしようと、ハングル文字は、必ず覚えなければならないという結論に達しました。

しかも、先に述べたとおり、現在の韓国では、漢字を用いずにハングル文字を使うよう指導が行なわれていますから、なおさらです。

なんでも、聞くところによると、漢字をハングルに書き換えるよう行政命令が出された当時は、中国人が経営する中華料理店においてさえ、看板からメニューにいたるまで、すべてハングルに書き直させられるという徹底ぶりであったそうです。その後は、多少緩《ゆる》やかになっているようですが、それでも、漢字と出会えるのは僥倖《ぎょうこう》と考えたほうがよさそうです。

ハングル文字が、意外にやさしい理由

こうして私は、ハングル文字を覚える決心をしたのです。結果として、〝案ずるより生むがやすし〟で、思ったよりも楽にマスターすることができました。その理由は、ハングル文字は見かけの複雑さとは裏腹に、基本的に一〇種類の母音と、一九種類の子音との組合わせでできているからです。しかも完全な表音文字で、それ自体、まったく意味を持ちません。その意味では、日本語の「かな」に近いといえます。ただ、母音と子音とを組み合わせて使いますので、日本の「かな」より、むしろアルファベットに似ています。ただ、アルファベットの二六字の場合、その字体の間には何の関係もありませんが、ハングル文字の場合は、ある規則のうえにできていますから、基本的に暗記しなくてはならない部分は、ごくわずかなのです。

私が、ハングル文字の習いたてのころ、韓国にくわしいアメリカ人の友人に、「どうも、あの韓国の字はむずかしくてね」と話すと、その友人は不思議そうな顔をして、

「そうでしょうか。私は日本語の字のほうがはるかにむずかしいと思いますがね。何しろ、日本語には、漢字のほか、片カナと平がながあって、われわれには大変です。

それに比べて韓国の字は、字数も少ないし、子音と母音との組合わせであることも英語

に似ていて、まだ取っつきやすいと思います」と言ったものでした。

しかも、ハングル文字は、音《おん》が読めてしまえばその先はしめたものです。

たとえば、약국、시계점、호텔などと書いてあります。ところが、약국（ヤクク）は、薬局という漢字の韓国語読みですし、시계점（シゲチョム）は、時計店という漢字の韓国語読み、호텔（ホテル）にいたっては、ホテルという英語そのままの音《おん》をハングル文字で表わしたものです。

このように、ハングル文字に取り囲まれて途方に暮れていたものが、ひとたび読めてみると、漢字語であったり、英語であったりで、まさに、目が見開かれる思いがしたものです。

ちょうど、日本に来た欧米人が、片カナで書かれた「ビール」「タクシー」などは読めなくても、読んでもらえば、beer, taxi と分かるようなものです。

結局、韓国語を勉強するためには、どうしてもハングル文字を覚えなくてはなりません。では、どうしたら、最も少ない努力と短い時間で、これを覚えることができるでしょうか。韓国語初学者の先輩として、私が整理した習得法を、これからご紹介することにしましょう。

世宗《セジョング》大王《テワング》の号令一下で作られたハングル文字

ではまず、ハングル文字の成立ちについて、簡単に述べてみましょう。ハングル文字は、今から約五六〇年前、西暦一四四三年、李朝朝鮮（이조조선、イチョ・チョソン）の四代目の王、世宗大王（세종대왕、セジョング・テワング）が学者を集めて作らせたものです。日本では、足利《あしかが》将軍の時代で、足利義満が金閣寺を建ててから五〇年後、応仁の乱の二〇年ぐらい前に当たりますから、それほど古いことではありません。

昔、日本にも韓国にも、字というものはありませんでした。そこへ、中国から漢字が入ってきました。以来、この両国では字といえば漢字であり、文章というと漢文ということになりました。ところが、これはたいへん不自然な現象です。というのも毎日の日常会話は、日本語や韓国語で話しているのに、さて文章を書こうとすると、外国語である漢文で書くよりほかないからです。

たとえてみると、漢字もカナもなくて、字というものは英語だけだとすると、文章は英語で書くより仕方ないようなものです。ですから、長い間、日本でも韓国でも、文章を書くということは、漢字・漢文を勉強した一部の学者だけにできただけで、一般の人々にはとうてい不可能なことでした。こんな不便なことはありません。何とかして、自分たちの話していることを、そのまま文章として書きたいというのは、ごく自然な希望でした。

そこで、日本では万葉ガナ、韓国では、吏読（이두、イドゥ）というものができました。これは、オロチを遠呂智、オトウトを乙登と書くように、漢字の発音だけを借りて、日本語や韓国語の発音を表わそうというものですから、一つの進歩でした。

しかし、むずかしい漢字とその読み方とを覚えなくてはならないことは変わりないので、一般の人にとっては、やはりむずかしいことでした。

やがて日本では、漢字のくずし字を使った平がなと、漢字の一部分を取り出して作った片カナとが出来上がり、ようやく、庶民にも覚えやすく、日本語をそのまま文章に書く手段が出来上がることになりました。

一方、韓国では、平がなや片カナに相当するものは長い間ありませんでした。そこで李朝朝鮮の世宗《セジョン》大王《テワング》は、

「現在は文章を書くことは、限られた一部の人々にしかできない。一般庶民は、文章とはまったく縁がない。庶民は、自分の意見を文章にすることができないので、訴訟でもあると、いつも不利になってしまう。何とかして庶民にも使える、やさしい字を作りたい。だいたい韓国語を話す韓国民に、韓国語をそのまま文章に書くことのできるような、韓国独

自の字があるのは当然ではないか」
と考えて、やさしくて庶民的な字を新しく作るよう、学者たちに命じたのです。ものの本によりますと、この世宗《セジョング》という王様は大変な勉強好きで、夜、寝るときも本を手離さなかったといわれています。晩年はひじょうに病気がちで、糖尿病をやったり、目を悪くしたりして、あちこちの温泉を転々としていたそうです。

当時は、事大《じだい》思想といって、何でもかんでも中国が正しいという考え方が徹底していた時代です。少しでも中国ににらまれるようなことはやらない。もし何かあると、明《みん》の大使がすぐにやってきて、無理難題を吹っかけるという時代でした。

そういう時代でしたから、韓国独自の文字を作ろうなどというのは、たいへん勇気のいることで、内部の反対や圧力も相当なものだったらしいのですが、世宗は頑《がん》としてやりとげたのです。

こうして出来上がったのが、ハングル文字です。

ハングル文字は、カナよりもアルファベットに近い

このようにハングル文字は、自然発生的に成立したものではなく、時の国王の号令で出

来上がったという特異な背景を持ちます。このことは、学習者にはたいへんありがたいことです。つまり、理論上、きわめて系統立てて整理されていて、慣例からくる煩雑な例外規則もほとんどないからです。ハングル文字を学んだ人が「案外覚えやすかった」と言うのも、こういう事情に因《よ》るものです。

次に、ハングル文字の構造を見てみましょう。ハングル文字には、母音を表わす文字と子音を表わす文字とがあります。日本のカナ文字では、母音と子音とは分かれていませんが、音《おん》を分解すると、子音と母音との組合わせから成り立っています。ローマ字で書いてみると、よく分かります。カは子音のkと母音のaとの組合わせのkaですし、シは子音のsと母音のiの組合わせのsiです。

ハングル文字は、日本語のカナが、一音を一字で表わすのとは違い、ローマ字のように、k、sなどの子音とa、iなどの母音とに分かれています。

ですから、先に述べたとおり、ハングル文字は、日本のカナに近いというよりも、アルファベットに近いのです。

なお、これから私が説明するハングル文字の整理のしかたは、ほかの文法書で採《と》っている整理法とは、とくに母音の整理法において、多少異なっているところがあります。しかし、私は、日本人の初学者には、この整理の方法が、最も覚えやすいと考えています。

ハングル文字は、発音器官の形を表わす

では、ハングル文字の子音から見ていきましょう。実は、これらは口、舌、歯などの発音器官の形を表わした象形《しょうけい》文字なのです。アルファベットを使って説明していきます。

mの音は、マ行のマ、ミ、ム、メ、モを発音してみると、すぐに分かるように、唇を結んだ音です。ですから唇を閉じた口《くち》の形に似せて、「ㅁ」で表わします。

pの音は、パ行をパ、ピ、プ、ペ、ポと発音してみますと、mと同じように、唇を閉じて発音していることが分かります。つまり、pの音はmの音の親類です。ですから、m音のㅁの両側の縦線を延ばして、「ㅂ」とします。

sの音は、サ行の、サ、シ、ス、セ、ソを発音してみますと、前歯を使った音であることが分かります。そこで、前歯を図形化した「ㅅ」で表わします。

チャ、チ、チュ、チェ、チョのchの音も、sの音と同じように、前歯の音です。つまり、sの音の親類です。ですから、sの音のㅅに、一画加えて、「ㅈ」で表わします。

nの音は、ナ行を、ナ、ニ、ヌ、ネ、ノと発音してみると、舌の上に曲げて、舌の先を

〈ハングル文字の構造〉

후	←	ㅎ (H)	+	ㅜ (U)	＝HU	ふ
유	←	ㅇ (Y)	+	ㅠ (U)	＝YU	ゆ
노	←	ㄴ (N)	+	ㅗ (O)	＝NO	の
소	←	ㅅ (S)	+	ㅗ (O)	＝SO	ソ
나	←	ㄴ (N)	+	ㅏ (A)	＝NA	ナ
다	←	ㄷ (T)	+	ㅏ (A)	＝TA	タ

します。

tの音は、タ行を、タ、チ、ツ、テ、トと発音してみると、舌を上に曲げて上顎《うわあご》に付けて発音していることが分かります。舌の形は、nのㄴと似ていますから、nとtとは親類です。そこで、nのㄴに一画を加えて、「ㄷ」をtの音とします。

kの音は、カ行のカ、キ、ク、ケ、コを発音してみると、上顎《うわあご》の奥と舌の奥の方で発音していることが分かります。

ですから、このときの舌の形を図形化して、「ㄱ」で表わします。

rの音は、ラ行を、ラ、リ、ル、レ、ロと発音してみると、上顎に舌を付けて発音しています。この舌の形を図形化して、「ㄹ」とします。

ngの音は、英語のking, songなどを発音してみると、喉《のど》の奥を円《まる》くしていることが分かります。ですから、その円い喉の形を図形化し、「ㅇ」で表わします。

hの音は、ハ行のハ、ヒ、フ、ヘ、ホを発音してみると、これも喉の奥を円くして発音していることが分かります。つまり、ngとhは親類です。そこでngを表わす○に、ㅗを加えて「ㅎ」とします。

基本となる子音文字は、わずかに六種

ここまでを整理してみましょう。発音器官の形を示す最も基本となる文字は次の六種です。

ㅁ—m、ㅅ—s、ㄴ—n、ㄱ—k、ㄹ—r、ㅇ—ng

この六種に、一やㅣを加筆して、いわば前者の親類ともいうべき文字が次の四種です。

ㅂ—p、ㅈ—c、ㄷ—t、ㅎ—h

さらに韓国語の子音のp—ㅂ、k—ㄱ、c—ㅈ、t—ㄷには、激音《げきおん》または有気音《ゆうきおん》という強い音があります。これも画《かく》を加えて表わします。

強いpは、pの音の親類であるㅁに字画を加えて、「ㅍ」で表わします。

強いkは、普通のkのㄱに、一を加えて、「ㅋ」で表わします。

強いcの音は、普通のcのㅈに、一を加えて、「ㅊ」で表わします。

強いtの音は、普通のtのㄷに一を加えて、「ㅌ」で表わします。

また、同じ子音を重ねて書いた「ㄲ」、「ㄸ」、「ㅃ」、「ㅆ」、「ㅉ」などの重子音があります。これも、普通のㄱ、ㄷ、ㅂ、ㅅ、ㅈと同質で、より強い音です。ㄱ—k、ㅂ—p、ㅈ—c、ㄷ—tと書きましたが、いずれも英語のk、p、ch、tより弱い音で、後に述べるように母音の後では濁音となります。英語のkはㅋ、pはㅍ、chはㅊ、tはㅌに対応します。

日本の五十音の中の子音は九種ですが、韓国語の子音は、以上の一九種あります。しかし、基本的なものは、ㄱ、ㄴ、ㄹ、ㅁ、ㅅ、ㅇの六種で、その他は、字画を加えたものなのです。その関係を全部整理すると、137ページの表のとおりです。

なお、子音の中で、ㅇは特別で、母音の後に来ると、ngングという子音ですが、一番前に出ると、子音がないことを示します。つまり、語頭にあるㅇと母音字の組合わせは、母音だけの発音であることを示します。たとえば아はアというぐあいです。くわしくは、母音字のところでもう一度説明します。また、ㅇをカナでは、ングと書いてありますが、グはほとんど聞こえず、喉《のど》の奥で、「ン」と言う感じです。

いかがでしょう。これでハングルの子音文字はすべて卒業です。

〈子音のハングル文字〉

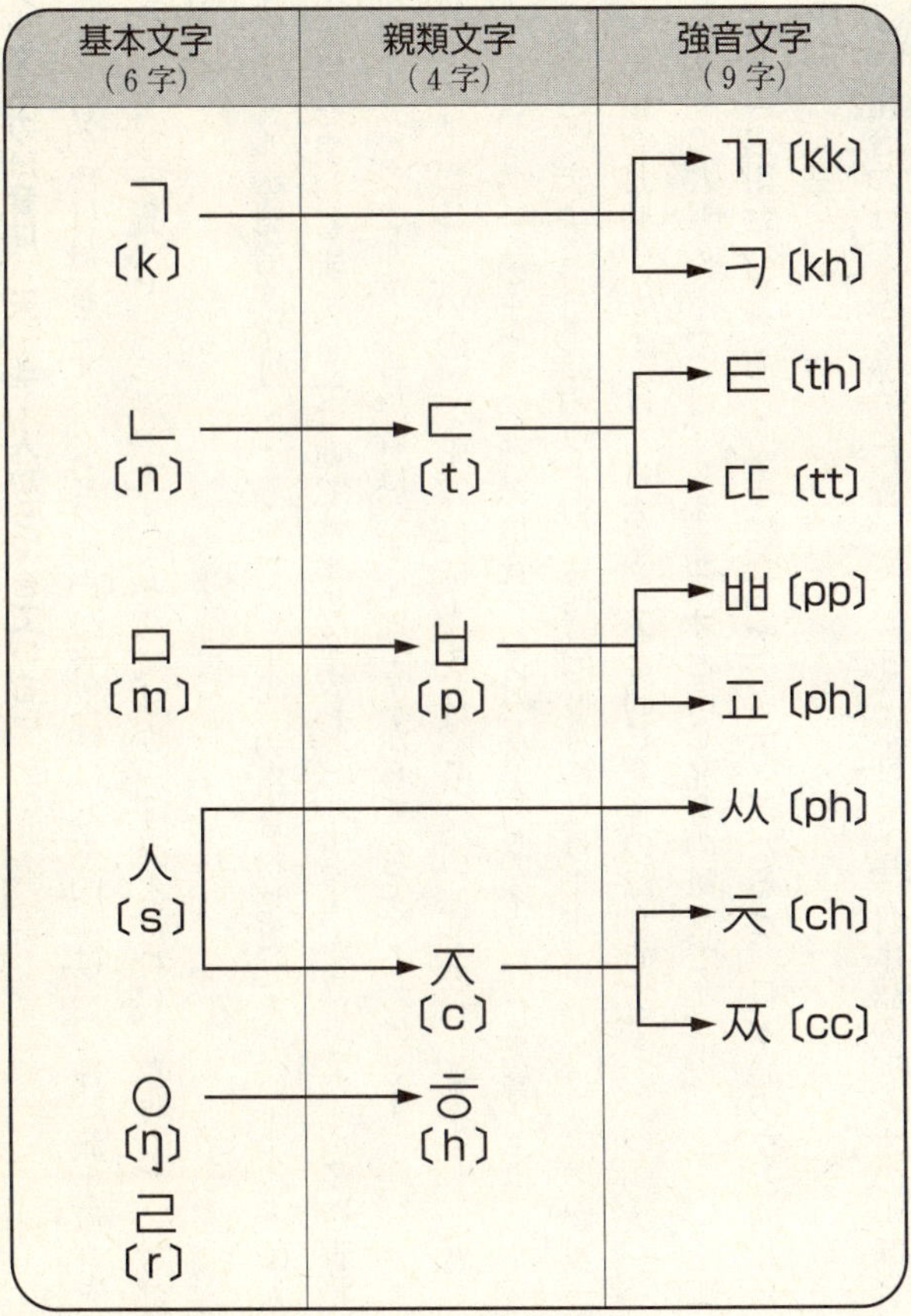

※〔th〕は、英語のthの音ではなく、tの強音を表す。

ハングル文字の母音は、天・地・人からできている

さて、子音の次は母音です。ハングルの母音文字は基本的には一〇種、派生母音を含めると、全部で二一種あり、ちょっと大変そうですが、子音と同様に、整理していけば意外と簡単です。

まずハングルの母音文字は「・」、「ㅡ」、「ㅣ」の組合わせでできています。・は天のことで、太陽を表わします。ㅡは地で地平線を表わし、ㅣは人が立っている姿を表わします。つまり、ハングルの母音は、天・地・人からできているわけです。

ただし、・は書きにくいので、実際にはㅣまたはㅡと短い棒で表わします。

まず、「ㅣ」は、このままで一つの母音となり、日本語のイと同じ発音です。

「ㅡ」は、このままで日本語のウと似た発音の母音になります。

ㅣと・の組合わせの「ㅏ」は、日本語のアと同じ発音の母音です。

ㅡと・の組合わせの「ㅗ」は、日本語のオと同じ発音の母音です。

同じ・とㅡの組合わせでも、・が下になって、「ㅜ」になると、日本語のウと同じ発音です。

ㅣと・の組合わせでも、・が左になって、「ㅓ」になると、日本語のアとオの中間音で、

オに近い音となります。

ㅔとㅣが組合わされた「ㅖ」は、日本語のエと同じ発音です。

一応ここまでをよく覚えましょう。右と左、上と下を間違えないように気をつけてください。

ㅣ……イ……日本語のイと同じ
ㅡ……ウ……日本語のウに近い
ㅏ……ア……日本語のアと同じ
ㅓ……オ……日本語のアとオの間で、オに近い
ㅗ……オ……日本語のオと同じ
ㅜ……ウ……日本語のウと同じ
ㅖ……エ……日本語のエと同じ

少々乱暴な言い方になりますが、日本語の母音、ア、イ、ウ、エ、オに対応する韓国語の母音は、ア、イ、エにはㅏ、ㅣ、ㅖの一種類、オにはㅗとㅓ、ウはㅜとㅡとの二種があ

ると考えていいでしょう。

このほかに、日本語にない発音の母音として、次の三つがあります。

ㅏとㅣでできた「ㅐ」は、日本語のアとエとの中間音でエに近い。

ㅗとㅣの組合わせの、「ㅚ」は特殊な音で、ウェと覚えましょう。

ㅜとㅣとの組合わせの「ㅟ」は、日本語の古い発音のヰで、ウィと覚えましょう。

この、ㅣ、ㅏ、ㅓ、ㅗ、ㅡ、ㅜ、ㅔ、ㅐ、ㅚ、ㅟの一〇字を単母音といい、基本となりますから、よく覚えてください。

単母音から派生した一一種の重母音

このほかに、重母音と呼ばれるものが、一一あります。重母音は、二つの単母音の組合わせか、単母音のハングル文字に、字画を加えたものですから、単母音さえ覚えてしまえば、あまりむずかしくはありません。

まず、ヤ行に相当する、ya、yu、ye、yoは、単母音のㅏ、ㅜ、ㅔ、ㅗ、ㅓに、ㅣまたはーの一画を加えます。つまり、ㅓ、またはーの一画は、ローマ字のyに当たります。

ㅏ（ア）に－を加えて「ㅑ」（ヤ）
ㅜ（ウ）に－を加えて「ㅠ」（ユ）
ㅔ（エ）に－を加えて「ㅖ」（イェ）
ㅗ（オ）に－を加えて「ㅛ」（ヨ）
ㅓ（オ）に－を加えて「ㅕ」（ヨ）

同じように、

ㅐに－を加えてㅒ…（イェ）

また、二つの単母音の組合わせには、

ㅗとㅏの組合わせで、「ㅘ」…（ワ）
ㅜとㅓの組合わせで、「ㅝ」…（ウォ）
ㅗとㅐの組合わせで、「ㅙ」…（ウェ）
ㅣとㅡの組合わせで、「ㅢ」…（ウィ）、または（エ）
ㅜとㅔの組合わせで、「ㅞ」…（ウェ）

があります。

ここまでのことを整理すると、次のページの表のようになります。

母音と子音の組合わせで表音文字が完成

さあ、これでハングル文字の母音と子音が分かりました。ただし、ハングル文字は、アルファベットと同じで、一つずつでは、音を表わす字になりません。

アルファベットは、そのまま横にいくつか並べて、man, king など、意味のある言葉になりますが、ハングル文字は違います。

ハングル文字は、一つの母音の文字と、数個の子音の文字とを組み合わせて、はじめて一個の表音文字が出来上がります。

また、日本語のカナの場合は、何字かが集まって、はじめて意味のある言葉となります。たとえば、ワ、タ、シの一字ずつでは、単なる表音文字で意味がありませんが、三つが集まると、「私」という意味を持ちます。ハングル文字も同じで、表音文字をいくつか書き並べて、意味のある単語となります。

一個の表音文字を作る際の母音と子音の並べ方には、次の六通りのルールがあり、勝手

〈母音のハングル文字〉

（基本母音）	（ヤ行の母音）	（その他の母音）
（ア）ㅏ →	ㅑ（ヤ）	（ウェ）ㅚ
（イ）ㅣ		（ウェ）ㅞ
（ウ）ㅜ →	ㅠ（ユ）	（ウェ）ㅙ
（ウ）ㅡ		（ウィ）ㅟ
（エ）ㅔ →	ㅖ（ィエ）	（ウィ または エ）ㅢ
（オ）ㅗ →	ㅛ（ヨ）	（ウォ）ㅝ
（オ）ㅓ →	ㅕ（ヨ）	（ワ）ㅘ
（ァエ）ㅐ →	ㅒ（ィエ）	

にどのように並べてもよい、というわけではありません。

そう言うと、面倒そうに聞こえますが、けっしてそんなことはありません。ともかくは説明を聞いてください。

① 母音 子音 の形

まず、第一パターンは子音と母音とを、横に並べた形です。

「가」は、子音のㄱ（k）と母音ㅏ（a）とを並べたもので、kaすなわちカの音を表わします。

「시」は、子音ㅅ（s）と母音ㅣ（i）を並べて書いて、siすなわちシの音を表わします。

このように、子音と母音とを横に並べて表音文字を作るのは、母音が、ㅏ、ㅓ、ㅣ、ㅑ、ㅕ、ㅐ、ㅔ、ㅖなどのように、ㅣがある母音の場合です。

たとえば、디…ティ、냐…ニャ、혀…ヒョ、매…メ、레…レ、계…キェなどです。

②

の形

二番目は、子音の下に、母音を書くパターンです。

たとえば、

「구」は、子音ㄱ（k）の下に、母音ㅜ（u）を書いたもので、kuすなわちクの音を表わします。

「보」は、子音ㅂ（p）の下に、母音ㅗ（o）を書いて、poすなわちポの音を示します。

このように、子音の下に母音を書くのは、ㅡ、ㅜ、ㅗ、ㅠ、ㅛなどのように、ㅡのある母音のときです。

③

の形

三番目は子音の右横下に母音を書くパターンです。

母音が、ㅟ、ㅚ、ㅢ、ㅝ、ㅘなどのときは、子音の横に並べるのも、下に書くのも無理

がありますので、このように書きます。たとえば、

「과」は、子音ㄱ（k）と、母音ㅘ（wa）との組合わせで、kwa（クヮ）の音を表わします。

「휘」は、子音ㅎ（h）と、母音ㅟ（wi）との組合わせで、hwi（フィ）という音を表わします。

④ 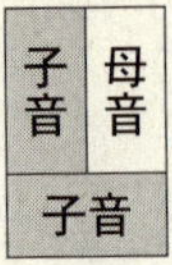

の形

日本語では、子音で終わる発音がなく、必ず母音が付きます。韓国語では、子音で終わる発音があります。表音文字としては、終わりの子音までを、まとめて一字とします。

つまり、ハングル文字には、

(イ) 子音と母音との組合わせ

(ロ) 子音と母音と子音との組合わせ、の二種類があるわけです。

(ロ)の場合、最後の子音は一番下に書きますが、それには三つのパターンがあります。

その最初のパターンは、子音の横に母音を並べ、その下に子音を書く形です。たとえ

ば、

「남」…子音ㄴ（n）の横に、母音ㅏ（a）を書き、その下に、子音ㅁ（m）を書いて、[nam]（ナム）。

「병」…子音ㅂ（p）の横に、母音ㅕ（jə）を書き、その下に子音ㅇ（ng）を書いて、[pjəŋ]（ピョング）。

⑤

子音
母音
子音

の形

次のパターンは、子音の下に母音を書き、最後の子音をその下に書く形です。たとえば、

「눈」…子音ㄴ（n）の下に母音ㅜ（u）を書き、その下に子音ㄴ（n）を書き、[nun]（ヌン）。

「본」…子音ㅂ（p）の下に、母音ㅗ（o）を書き、その下に子音ㄴ（n）を書いて、[pon]（ポン）。

⑥ 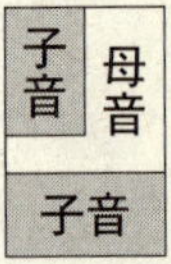

の形

最後のパターンは、子音の右横下に母音を書き、下に子音を書く形です。たとえば、

「관」…子音ㄱ（k）の右横下にㅘ（wa）を書き、その下に子音ㄴ（n）を書いて、[kwan]（クヮン）。

「원」…子音ㅂのないことを示すㅇ（136ページ参照）の右下横に母音ㅝ（wə）を書き、その下に子音ㄴ（n）を書いて［wən］（ウォン）です。

さあ、これでハングル文字のあらましは、すべてご紹介しました。いかがでしょうか。あとは少しでも多く実例に接して、慣れていただくよりほかありません。また次ページに、日本語の五十音に対応するハングル文字を表に掲げましたので、利用なさるのもいいでしょう。

その表で分かるように、ア行、ヤ行、ワ行では、子音の所にㅇが書いてありますが、ㅇは、ㄱ（k）、ㅅ（s）などの子音がないことを示すものです。何も書かないと、バランスがとれないので、ㅇを書くが、実は子音はないのです。

〈ハングル文字の五十音表〉

나	ナ	다	タ	사	サ	가	カ	아	ア
니	ニ	찌	チ	시	シ	기	キ	이	イ
누	ヌ	쯔	ツ	수	ス	구	ク	우	ウ
네	ネ	데	テ	세	セ	게	ケ	에	エ
노	ノ	도	ト	소	ソ	고	コ	오	オ

와	ワ	라	ラ	야	ヤ	마	マ	하	ハ
이	イ	리	リ	이	イ	미	ミ	히	ヒ
우	ウ	루	ル	유	ユ	무	ム	후	フ
에	エ	레	レ	에	エ	메	メ	헤	ヘ
오	ヲ	로	ロ	요	ヨ	모	モ	호	ホ

韓国語における濁音と連音

ここで韓国語の濁音について、簡単に説明しておきましょう。

韓国語には、日本語のように濁音を示す濁点のようなものはありません。そのかわり、韓国語では、同じハングル文字を、あるときは清音に、あるときは濁音に読みます。ときによって濁音となる文字は、ㄱ（k）、ㄷ（t）、ㅂ（p）、ㅈ（ch）、の四文字です。

元来これらは、英語のk、t、p、chよりは弱い音で、濁音に近い清音のようです。この四文字でも、一つの単語の語頭にくるときは清音のままです。どんなときに濁音になるかというと、次の二つの場合です。

1. **母音と母音の間にはさまれたとき。**
2. ㄴ（n）、ㄹ（r）、ㅁ（m）、ㅇ（ŋ）の後にくるとき。

たとえば、「道路」は도로（トロ）で、ㄷは単語の頭なので清音ですが、「人道」인도（インド）となると、ㄷはㄴの後にくるので濁音になります。「本店」は본점（ポンチョム）で、ㅂは清音ですが、「日本」일본（イルボン）では、ㅂはㄹの後にくるので濁音です。

したがって、この四文字を明確に清音にするときは、それぞれ次の文字を使います。

ㄱ→ㄲ、または ㅋ　ㅂ→ㅃ、または ㅍ
ㄷ→ㄸ、または ㅌ　ㅈ→ㅉ、または ㅊ

このことは、日本の人名・地名を書くときに覚えておかなければなりません。というのも、日本語は、すべて子音と母音との組合わせですから、語頭を除いて、子音はすべて母音と母音との間にはさまれています。

したがって、ㄱ、ㄷ、ㅂ、ㅈの四文字は、すべて濁音になります。

たとえば「青木」はAOKIで、Kは母音にはさまれています。それで아오기と書くと、アオギと読まれてしまいます。この場合、아오끼と書けば、アオキと読んでもらえます。

次に、韓国語の連音についても触れておきます。ハングル文字は表音文字ですから、文字のとおりに読むのが原則ですが、ときどき、本来の発音とは違った発音になることがあります。

たとえば、音は음（ウム）、楽は악（アク）ですが、「音楽」となるとㅁと아が一緒になって、ウマクと発音します。また、石は석（ソク）、油は유（ユ）ですが、「石油」は、ㄱと유とを一緒に読んでソギュと発音します。

これは、子音の語尾に、母音の語頭が続くと、前の子音と次の母音とを、一緒に発音するためです。

また、「新羅」は신라と書いて、シルラと振りガナがついています。シンラの誤りではないかと思われるかたもあるかもしれませんが、これは誤りではありません。というのも、ㄴ（n）にㄹ（r）が続くと、ㄴは、ㄹの音に発音されるからです。

同様に「全羅道」の全羅も、전라と書いて、チョルラと読みます。

文章になると、ㅂ니다、ㅂ니까という語尾が盛んに登場してきますが、これらの発音は、ムニダ、ムニカであって、プニダ、プニカではありません。これは、ㅂ（p）にㄴ（n）が続くと、ㅂはmの音に変わるからです。

これらのことを、少し頭に入れておいてください。

ハングル文字による、韓国語単語の書き表わし方

世宗（세종、セジョング）が、ハングル文字を作らせたのは、当時の新進気鋭の学者たちでした。学者たちが、苦心して、ハングル文字を作り上げたときの文書に、

「この字によって、初めて、鶴の鳴く声も、犬の吠える声も、そのまま、書き表わすこと

が出来る」と書いています。若い学者たちの喜びに満ちた顔が見えるような気がします し、韓国民にとって、漢字だけの世の中が、どんなに不便であったかを想像させます。

韓国語の単語は、この母音と子音が組み合わされたハングル文字を、ちょうど日本語のカナと同じように考えて、いくつか書き並べると出来上がります。たとえば、

나（ナ）と라（ラ）とで、나라（ナラ）（クニの意味）、

바（パ）と다（タ）とで、바다（パダ）（ウミの意味）です。

ちなみに、나라《ナラ》と日本の奈良《なら》との関係、日本語で海を意味する「わだつみ」の「わだ」と바다《パダ》との関係を指摘する学者もいます。たいへん興味深いところです。

また、子音と母音と子音と、三つの音《おん》の組合わせからなるハングル文字は、日本語のカナにはない性質のものですが、使い方は同様です。

선（ソン）と생（セング）とから、선생（ソンセング）で、これは「先生」の韓国語読み。

학（ハク）と교（キョ）から、학교（ハクキョ）で、これは、「学校」の韓国語読みです。

「チュング・ヂュング・グン」さんとは誰か

さて、ハングル文字の心得が多少できたところで、まず自分の名前を書く練習からして

みましょう。日本人は、初対面の人には、必ず名刺を出します。ところが韓国が漢字語の多い国であり、地名も人名も漢字ですから、名刺さえ出せば、正しく名前を読んでもらえるだろうと考えるのは、とんでもない間違いだということは、もうお気づきのとおりです。

日本語の上手な、日本人との接触の多い韓国人なら、漢字の日本人名を、日本流に読んでくれますが、一般の人は韓国語読みにします。韓国語読みにすると、似ても似つかぬ名前になってしまうのは、前にもお話ししたとおりです。

日本人の姓は、伊藤（イトウ）、宇佐美（ウサミ）、加納（カノウ）、五味（ゴミ）、難波（ナンバ）などのように、漢字を音読みにする姓もありますが、これはむしろ少なくて、多くは、訓読みか、訓読みと音読みの混合です。

それでも、音読みの姓は、そのまま韓国語読みしても、伊藤は이등（イドゥング）、宇佐美は우좌미（ウジヮミ）、加納は가납（カナップ）、五味は오미（オミ）、難波は난파（ナンパ）と読むので、日本名とも多少は似ています。

ところが、訓読みのある姓では、似ても似つかぬ名前に読まれます。

チュング・ヂュング・グンさんとは誰のことでしょうか。チョン・ヂュングさんとは、

誰でしょうか。前のは、中曽根の韓国語読みの중증근ですし、後のは、田中の韓国語読みの전중です。黙って名刺を出すと、漢字を見ただけでは、韓国の人には、ほかに読みようはないのです。文句を言っても仕方ありません。日本式に読んでもらうには、ハングル文字で振りガナすることです。

ハングル文字で書くと、こうなります。

中曽根は、나까소네（ナカソネ）

田中は、타나까（タナカ）

これを、나가소네、타나가と書くと、ナガソネ、タナガと読まれます。

先にも述べたとおり、ㄱ、ㄷ、ㅂなどは、前が母音ですと、濁音に読まれますから、濁音にならないようにㄲまたはㅋ、ㄸまたはㅌ、ㅃまたはㅍなどを使います。

ハングル文字の練習のために、自分や友人の名前を書いてみてください。

★クイズ1

吉田、井上、木村、佐藤、松本をハングル文字で書いてください。

（クイズの解）

吉田　요시다（ヨシダ）　佐藤　사또（サト）
井上　이노우에（イノウエ）　松本　마쯔모또（マツモト）
木村　기무라（キムラ）

地名も同じです。東京、京都は、両方とも音読みですから、東京を동경（トングギョング）、京都を경도（キョングド）と読まれても、まだ多少似ています。ところが명고옥（ミョングゴオク）、횡빈（フェングビン）、대판（テパン）と言われると、どこか分かりますか。

これは、名古屋、横浜、大阪の、それぞれの韓国語読みです。

日本式に読んでもらうには、ハングル文字を書くことです。

東京は、도오쬬오（トオキョオ）
横浜は、요꼬하마（ヨコハマ）
大阪は、오오사까（オオサカ）
名古屋は、나고야（ナゴヤ）
京都は、교오또（キョオト）

です。ほかの地名もハングル文字で書いてみてください。

★クイズ2

次は韓国の地名をハングル文字で表わしたものです。これを読んで、漢字にしてください。

인천　대구　여수　부산　울산

(クイズの解)

인천　インチョン　仁川
대구　テグ　大邱
여수　ヨス　麗水
부산　プサン　釜山
울산　ウルサン　蔚山

★クイズ3

ハングル文字は、ローマ字と同じように使うことができます。
次のハングル文字の文章を読んでください。
「아까이 린고니 구찌비루 요세떼
다마아테 미테이루 가와이이꼬
린고와 난니모 이와나이 께레도
린고노 끼모찌와 요꾸와까루
린고 까와이야 까와이야 린고」

〈クイズの解〉

ハングル文字で書いてはありますが、実はハングル文字をローマ字の代わりに使った日本文で、日本語の「りんごの歌」です。
「アカイ リンゴニ クチビル ヨセテ
ダマアッテミテイル カワイイコ
リンゴワ ナンニモ イワナイ ケレド

リンゴノ　キモチワ　ヨクワカル
リンゴ　カワイヤ　カワイヤ　リンゴ」

★クイズ4

次の歌をハングル文字で書いてみましょう。
「お手々　つないで　野道を　行けば
みんな　可愛い　小鳥に　なって
歌を　歌えば　靴が　鳴る
晴れた　み空に　靴が　鳴る」

（クイズの解）

「오테테　쯔나이데　노미찌오　유께바
민나　가와이　고토리니　낟테
우따오　우따에바　구쯔가나루
하레따　미소라니　구쯔가나루」

読めてしまえば、外来語は即座にわかる

韓国での、欧米外来語の使われ方は、日本での使われ方とほとんど同じです。日本では、欧米外来語の一部は、漢字語を当てて、ビールを麦酒、ワインを葡萄酒、ベースボールを野球などと書きますが、大部分は、欧米外来語をそのまま使って、ネクタイ、ラジオ、ビルディングなどと言います。

韓国でも、欧米外来語の一部は、ビールを麦酒（맥주、メㇰチュ）、ワインを葡萄酒（포도주、ポドジュ）、ベースボールを野球（야구、ヤグ）などと漢字語で呼びますが、大部分は、もとの欧米語がそのまま使われています。たとえば、次のとおりです。

ネクタイ　넥타이　（ネㇰタイ）

ラジオ　라디오　（ラディオ）

ビルディング　빌딩　（ピㇽディング）

日本語の中の欧米外来語と、韓国語の中の欧米外来語とは、多少の違いはありますが、元は同じですからよく似ています。ハングル文字に慣れるために、次の例を見てください。

グラム　그램（クレム）
ネオン　네온（ネオン）
デスク　데스크（テスク）
メロン　멜론（メルロン）
ビスケット　비스켓（ピスケッ）
シャワー　샤우어（シャゥオ）
ジュース　주우스（チュウス）
チョコレート　초코렛（チョコレッ）
プログラム　프로그램（プログレム）
ホテル　호텔（ホテル）

今度は逆に、ハングル文字で書かれた欧米外来語を読んでみましょう。

가솔린（カソルリン）……ガソリン
피아노（ピアノ）……ピアノ
맨숀（メンション）……マンション

케이크 （ケイク） ……ケーキ
알루미늄（アルミニュム）……アルミニウム

では最後に、次の欧米外来語を、ハングル文字で書いてみましょう。
ナイフ、ラグビー、ブラウス、タクシー、スープ

ナイフ 나이프（ナイプ）
ラグビー 럭비（ロㇰビー）
ブラウス 블라우스（プラウス）
タクシー 택시（テㇰシ）
スープ 수우프（スウプ）

5章

ハングルで歩くソウル・慶州《キョングジュ》

——ガイドブックでは味わえない、韓国の楽しみ方

秋田訛《なま》りの韓国語で奮戦したKさん

友人のKさんが、しばらく서울（ソウル）で暮らしたことがありました。Kさんは、秋田の生まれで、自分では、標準語の日本語を話しているつもりでも、かなり強い秋田訛《なま》りがあります。

誠実なKさんは、韓国の社会に融《と》け込もうとして、涙ぐましい努力をしました。まずKさんは、韓国語の勉強を始めました。秋田弁の韓国語など、どうなるのかと、興味を持って見ていましたが、ただでさえむずかしい韓国語の発音の練習では、Kさんよりも、教える先生のほうが、参ってしまいました。

挙句《あげく》の果てに、その先生が自分の日本語に自信をなくし、ついに授業を中断してしまったという後日談まであります。

それでもKさんは意気軒昂《けんこう》で、あるとき、男性用の韓国服の바지（パヂ）と저고리（チョゴリ）を作りました。まるで韓国人のようによく似合うと言われて、Kさんは得意でした。自分では、韓国語にも自信ができたつもりのKさんは、その姿で、八百屋채소가게（菜蔬、チェソカゲ）に、野菜야채（ヤチェ）を買いに行きました。

「어서《オソ》 오세요《オセヨ》（いらっしゃいませ）」と、にこにこ迎えてくれた八百屋のおばさんに向か

って、すっかり韓国人になりすましたつもりのKさんは、買いたい野菜の名を言いました。

八百屋のおばさんは、一瞬あっけにとられたような顔をしました。Kさんの韓国語は、地方の方言の多い韓国でも、今まで聞いたことのない方言のように聞こえました。まさか、秋田訛《なま》りの韓国語とは想像できないで、しばらくキョトンとしていたおばさんは、突然げらげら笑いだし、流暢《りゅうちょう》な日本語で、

「あなた日本人でしょ」

と言ったのです。こうしてKさんの化けの皮は、見事に剝《は》がされてしまいました。しかし韓国に親しもう、韓国語を話そうと努力している日本人に、おばさんは、ひじょうな好感を持ってくれて、大まけにまけてくれたそうです。

「私の韓国語は、よく通じませんでした。それでも、こんなに好感を持ってくれるんですね」

とKさんは話してくれました。

〝間違えたら恥ずかしい〟が一番の大敵

この話を聞いて、私は、ふと太宰治《だざいおさむ》のエピソードを思い出しました。

津軽《つがる》から東京の大学へ出てきた彼は、さっそくそのダンディズムを発揮し、江戸弁のマスターに腐心しました。そして、頃やよしとばかりに、勇を鼓《こ》しておでん屋に飛び込み、

「こう、ねえさん、熱燗《あつかん》で一杯ッ」

と、べらんめい口調で語りかけ、この文学者の卵は得意でした。ところが、一瞬キョトンとした給仕係の娘さんは、しばらくしてニコリと笑い、

「あら、お客さん東北ね」

と言ったそうです。表現は江戸弁でも、イントネーションには青森弁が抜けていなかったわけで、自意識の強い太宰治は、「このとき体じゅうが真っ赤になった」と、書いています。

しかし、ここで怯《ひる》んでいたのでは、新しい言葉を自分のものにすることはできません。言葉も人生同様、実践で恥をかく経験を積み重ねることによって初めて、自分の血肉となってくれるのではないでしょうか。

しかし、ベネディクト女史が『菊と刀』で指摘していることでもありますが、わが国は

〝恥の文化〟の国家であり、人前で恥をかくことを私たちは極端に恐れます。最近の若者は〝新人類〟などと称されて、従来の伝統的な日本人気質《かたぎ》とは無縁のように言われたりしますが、こういった人たちにしてもまた、依然として、〝恥の概念〟が、行動の中心規範になっているように思えます。

子安美知子《こやすみちこ》さんが『ミュンヘンの小学生』（中公新書）の中で、ご自身の娘さんの体験談を披露されています。子安さんご夫妻は、ともに学者でドイツへ留学されていました。そこで、娘さんは、現地の小学校へ入学したわけですが、学力優秀なはずのこの娘さんが、いつまでたってもドイツ語が話せません。

そして、子安母子の悪戦苦闘の日々が始まるわけですが、ついに突き止められた〝失語症〟の真因は、次の娘さんの言葉に集約されるものでした。

「だって、間違えると恥ずかしいもの」

〝恥ずかしい〟という気持ちが心の表面を覆《おお》っていては、未知の世界への〝旅立ち〟はできません。やはり、幼児のような無心で事に当たってこそ、好奇心が湧き上がり、本当の知識・知恵が身につくのだということを私は韓国語をマスターする過程で強く感じました。

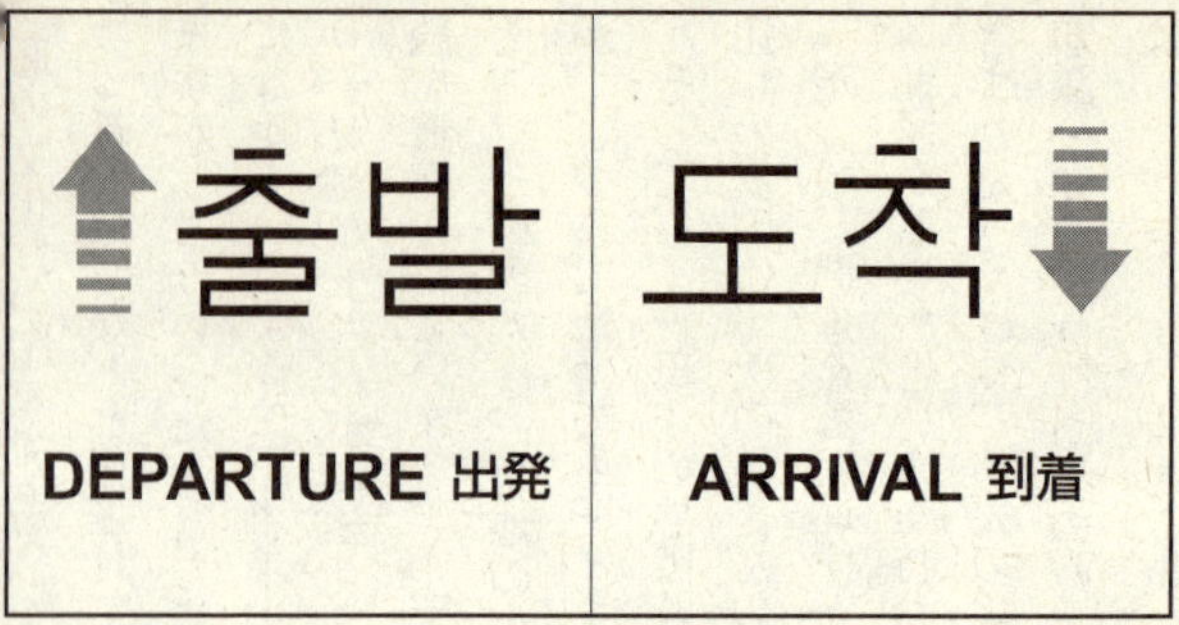

それでは、幼稚園児のようなこだわりのない気持ちで、ソウルの街を歩いてみようではありませんか。きっと、これまでにない〝新しい発見〟があり、ハングル文字や韓国語が、うんと身近なものとなることと信じます。

金浦《キンポ》空港、ソウル駅の案内板が読める

ハングル文字が読めるようになると、街を歩いても、今まで親しめなかった看板や道路標識が、突然、興味のあるものに変わります。

金浦空港の中に、出発と到着を示す上のような表示があります。出発は二階、到着は一階ということですが、ここには、英語と漢字

空港はいつもたくさんの人でにぎわっている

も書いてあります。출발（チュルバル）は出発、도착（トチャク）は「到着」という漢字の韓国語読みです。

空港の建物には、김포국제공항（キムポ・クㇰチェ・コングハング）と書いてあります。「金浦国際空港」の韓国語読みです。

空港を出た道に、道路標識がありました。시청（シチョング）は、英語でCITY HALLとあるように、「市庁」の韓国語読みです。

남부순환도로（ナムブ・スンファン・トロ）となると、ちょっとむずかしいですね。英語の、SOUTHERN PERIMETER ROADを参考にすると、「南部循環道路」の韓国語読みだと分かります。

次ページの写真は、ソウル駅です。正面に서울역（ソウルヨク）、SEOUL STATIONとあります。역《ヨク》は駅の韓国語読みです。

地下鉄のプラットホームには、서울역　영등포（ソウルヨク・ヨングドゥングポ）、인천　수원　방면（インチョン　スウォン　パングミョン）とあります。これは「ソウル駅・永登浦」「仁川、水原方面」の韓国語読みです。

ソウル駅の正面

食道の看板に、ハングルと日本語が並ぶ

ソウルの街の看板も、読めてしまえば意外と簡単

前ページ下段は食堂の写真です。

日本語も書かれていますが、이태원갈비（イテウォンカルビ）は、「梨泰院カルビ」のことです。

ちなみに、焼き肉など肉料理を主とする韓国料理店は、한식점（ハンシクジョム韓食店）、寿司や刺身など魚を主とする日本料理店は、일식점（イルシクチョム日食店）、中国料理店は중국점（ジュングククチョム中国店）といいます。覚えておくと便利です。

次ページ上段は、いつもたくさんの人でごった返している南大門《ナムデムン》市場《シジャン》の写真です。中央の幕に남대문시장と書かれています。右側の숭례문（スンレムン）は「崇禮門」のことで、南大門の別称です。

下段の写真に노래방（ノレバン）という看板が出ています。노래（ノレ）は歌、방（バン）は房で「カラオケ」のことです。

隣の비디오방（ビデオバン）は비디오（ビデオ）の방で、「ビデオルーム」ということになります。

1日に50万にも人が行き来する、南大門《ナムデムン》市場

明洞《ミョンドン》のショッピング街

서울《ソウル》の街には、다방（タバング）という店がたくさんあります。これは喫茶店のことですが、なぜ다방と言うのか、しばらく分かりませんでした。実は다방は、「茶房」という漢字の韓国語読みでした。茶という漢字は、普通は차（チャ）と読んで、人蔘茶《にんじんちゃ》（인삼차、インサムチャ）、紅茶（홍차、ホングチャ）ですが、辞書によると、茶は차（チャ）と読むほか、다（タ）とも読みます。방（パング）は、房という字の韓国語読みですから、다방は茶房、すなわち喫茶店です。

韓国では、漢字の読み方は、原則として一つですが、ときどきこのように、二つの読み方のある字があります。自動車は、자동차（チャドングチャ）で、自動車の韓国語読みです。ところが自転車のことは、자전거（チャジョンゴ）と言います。

자전거チャジョンゴが、自転という漢字の韓国語読みであることは、すぐに分かりましたが、거《ゴ》は変だなと思っていました。ある時、辞書を引いてみると、なんと、車は차（チャ）と거（コ）の二つの読み方がありました。자전거《チャジョンゴ》は、まさに自転車の韓国語読みでした。

ソウルの中心街を歩く

さて、漢字語の韓国語読みと、ハングル文字に慣れ親しむために서울（ソウル）と慶州（경 주《キョングジュ》）とをご案内します。地名などの漢字語の韓国語読みとハングル文字も一緒に見ていってください。

서울（ソウル）は、李朝朝鮮（이조조선《イチョチョソン》）五〇〇年の首都であり、人口八〇〇万、今も大韓民国（대한민국《テハンミングク》）の首都として、目ざましい発展を遂げつつあります。

金浦空港（김포공 항《キン ポコングハング》）から、서울《ソウル》の中心に向かう車は、やがて、漢江（한 강《ハンガング》）に沿って走ります。漢江は、隅田川や多摩川から想像するより、意外と大きな川で、日本の川と違って、どちらが上流なのか下流なのか分からぬくらいゆるやかに、悠々と流れています。川沿いの柳の並木が美しく、印象的です。

大きな橋を渡ると、서울《ソウル》の街の中心部で、東京と変わらない大都会となります。印象的なのは、北に屏風《びょうぶ》のように見える、岩山の北岳山（북악산《ブガクサン》）と北漢山（북한산《ブクハンサン》）です。さらに南に、椀《わん》を伏せたような美しい形の南山（남산《ナムサン》）があって、市の中心部のどこからも見えます。

南山の一帯は南山公園（남산 공 원《ナムサンコングウォン》）となっていて、山頂までケーブルカーが通じてい

ます。山頂からは、서울《ソウル》市内を一望の下《もと》に眺めることができます。

よく、서울《ソウル》は、漢字でどう書くのかと、聞く人がありますが、これは、前述のとおり〝みやこ〟という意味の韓国固有の言葉で、漢字はありません。서울とハングル文字で書くのが、正式の名前です。

李朝朝鮮（이조조선《イチョチョソン》）の太祖（태조《テジョ》）、李成桂（이성계《イソングゲ》）が、서울の場所を都としたのは、日本では、ちょうど室町時代の南北朝統一の頃にあたる一三九四年であって、それより前は、一寒村に過ぎなかったといいます。以来、李王朝（이왕조《イワングチョ》）二七代、五一九年の間はもちろんのこと、その後も首都として発展してきました。市内は、古跡、名所が散在していて、現代と昔とが交錯しています。

大きな道路には、世宗路（세종로《セジョングロ》）、鍾路（종로《チョングロ》）、乙支路（을지로《ウルチーロ》）などの名がついています。

ソウル・プラザ・ホテル（서울・플라자・호텔）

プレジデント・ホテル（프레지덴트・호텔）

ロッテ・ホテル（롯데・호텔）

コリアナ・ホテル（코리아나・호텔）

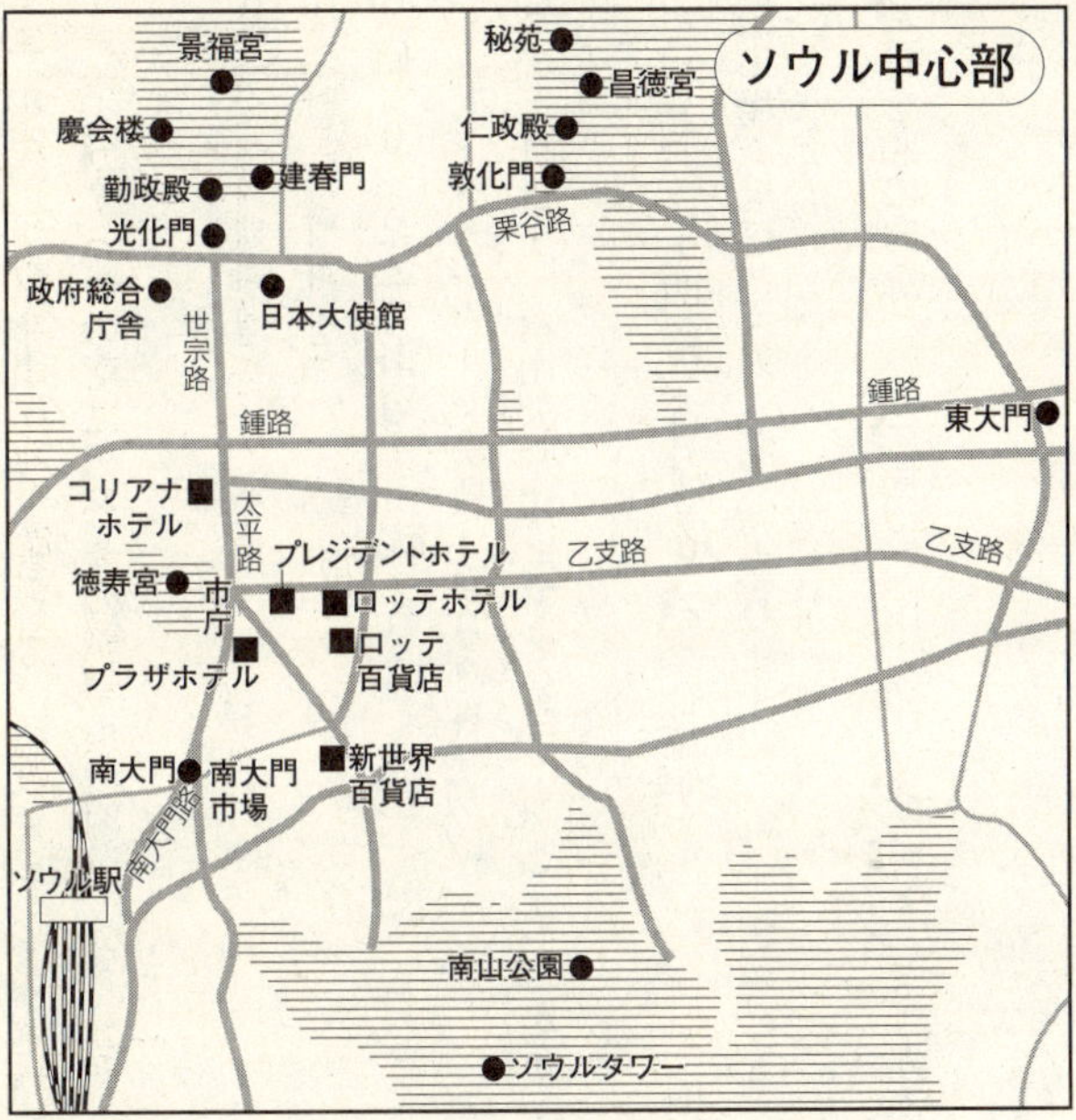
ソウル中心部
景福宮
慶会楼
勤政殿
建春門
光化門
秘苑
昌徳宮
仁政殿
敦化門
栗谷路
政府総合
庁舎
日本大使館
世宗路
鍾路
鍾路
東大門
コリアナ
ホテル
太平路
プレジデントホテル
乙支路
乙支路
徳寿宮
市庁
ロッテホテル
ロッテ
百貨店
プラザホテル
南大門
南大門
市場
新世界
百貨店
南大門路
ソウル駅
南山公園
ソウルタワー

などの大きなホテルが、ソウル市庁（서울시 청《ソウル シチョング》）の近くに集まっています。

市庁から歩いて二〇分ぐらいの所に、서울《ソウル》の繁華街の明洞（명 동《ミョングドング》）があり、その近くに、

新世界百貨店（신세계백화 점《シンセゲペクファジョム》）、

美都波百貨店（미도파백화 점《ミドパペクファジョム》）、

コスモス百貨店（코스모스백화 점《コスモスペクファジョム》）、

ロッテ・ショッピングセンター（롯데《ロッテ》・쇼 핑센터《ショッピングセント》）

などのデパートがあります。南山公園（남산공 원《ナムサンコングウォン》）も、この辺から、それほど遠くありません。

太平路（태평로《テピョングロ》）と、南大門路（남대문로《ナムデムンロ》）が合流する所に、南大門（남대문《ナムデムン》）があり、近くに南大門市場（남대문・시 장《ナムデムン シジャング》）があります。ソウル駅（서울《ソウル》・역《ヨク》）は、ここから遠くありません。

世宗路（세종 로《セジョングロ》）を北に向かったところに、中央庁（중 앙 청《チュングアングチョング》）があります。

李朝朝鮮の遺跡を訪ねて

서울《ソウル》の中でも、とりわけ見るべきものは、李朝朝鮮時代の遺跡です。서울《ソウル》は、昔は、城壁で四方を囲まれ、

東大門（동대문《トングデムン》、興仁之門흥 인지문《フングインチムン》ともいう）

西大門（서대문《ソデムン》）、

南大門（남대문《ナムデムン》、崇礼門숭례문《スングレムン》ともいう）、

紫霞門（자하문《チャハムン》、彰義門창 의문《チャングエムン》ともいう）、

の四つの門が、東西南北にありました。今残っているのは、東大門と南大門の二つです。

南大門は、一三九八年、日本では京都の金閣寺の完成した頃に、建てられたもので、李朝朝鮮最古の建築物として、国宝第一号となっています。近代都市の大通りの真ん中に、国宝が建っているのも、おもしろいと思います。

東大門は、鍾路《チョングロ》を東に行った所にあります。近年、全面改装が行なわれました。

南大門から世宗大路を北上した突きあたりが、景福宮（경 복 궁《キョングボククング》）です。李王朝五〇〇年の歴史を秘めた王朝の正宮殿で、現存する建物は、一八六七年に再建されたものです。

正面から東側にまわりこみ、東門の建春門（건춘문《コンチュンムン》）から景福宮の中に入ると、正殿の勤政殿（근정 전《クンヂョングチョン》）があります。ここは、歴代国王の即位の式典や、百官の朝賀を受けた御殿で、御殿の前に、文武百官の並ぶ位置を示す品石（품석《プムソク》）が並んでいて、位階に従って、ここに並んだ昔が偲《しの》ばれます。

裏門を通ると、国王が日常の政務を摂《と》った思政殿（사정 전《サヂョングチョン》）があります。隣りに千秋殿（천추 전《チョンチュヂョン》）があり、世宗大王（세종 대왕《セヂョングデワン》）がハングル文字を作らせた場所だといいます。左手に慶会楼（경 회루《キョングフェル》）という楼閣があって、王室の宴会場でした。

景福宮を語る際には、ぜひ加えておかねばならないことがあります。

世宗大路が景福宮に突きあたった所にある、正面玄関ともいうべき門は、光化門（광《クワング》화문《ファムン》）といいますが、以前はこの門から勤政殿を望もうとすると、付近の景観とまったく釣り合わない石造の巨大な建築物が、それを遮《さえぎ》っていました。

戦前の朝鮮総督府です。なにも選《よ》りに選《よ》って、王宮の真ん前に建てることはあるまいに、と誰もが思います。

しかも、当時の日本は総督府を建てるときに、その前の光化門《クヮングファムン》が邪魔だというので、これを取り壊《こわ》そうとしました。これについては、日本でも非難が起こり、とりわけ柳宗《やなぎむね》

国宝第１号・南大門

王朝時代の面影を残す、昌徳宮

悦《よし》氏は『失われんとする一朝鮮建築のために』という一文を発表して、激しく抗議運動を展開した結果、取り壊しを免《まぬが》れ、移転するにとどまったという経緯があります。光化門は戦後、もとの位置に戻されました。したがって、今でも韓国の文化人の間では、柳宗悦氏の名は、たいへんな敬慕をもって語られているとのことです。

なお、旧朝鮮総督府の建物は、取り壊すべきかどうか長い間の議論の末、時の朴《パク》大統領の決断で、改装して国立博物館として、永く使われることになりました。一九八六年の夏、それまでの国立中央博物館から有名な弥勒菩薩《みろくぼさつ》をはじめとする美術品が移され、晴れて開館式が行なわれました。その模様は、日本でもNHKテレビで紹介されましたが、観客の一人がインタビューに答え、「昔は、総督府と聞いただけで、恐ろしくてそばには寄れなかった。それが今では、こうして自由に出入りして美術品を見ることができる。長生きはしてみるものだ」と語っていたのが印象的でした。なお旧朝鮮総督府は現在撤去されています。国立博物館は近くの建物に移りましたが二〇〇五年には龍山《ヨンサン》に移る予定です。

さて光化門《クヮングファムン》の前から栗谷路（율곡로《ユルコクロ》）を東に進んだところに、昌徳宮（창 덕 궁《チャングドククング》）と秘苑（비원《ピウォン》）があります。昌徳宮は、李王朝第三代の王の太宗（태 종《テヂョング》）によって、離宮として建てられ、一六一一年に再建されたもので、王朝の正式の王宮としても使われ、最

もよく昔の姿を残していると言われています。

敦化門（돈화문《トンファムン》）は、南門で李朝初期の建築です。正殿は、仁政殿（인 정 전《インヂョングヂョン》）と言い、今は、李王家の遺品の展示場となっています。日常の政務の摂《と》られたのは、宣政殿（선 정 전《ソンヂョングヂョン》）と呼ばれる宮殿です。

この王宮の庭園が有名な秘苑（비원《ピウォン》）で、広大な自然の中に、亭や楼閣が点在していて、美しい庭園です。

徳壽宮（덕수궁《トクスグング》）は、서울市庁（시 청《シチョング》）の近くにあります。世宗《セジョング》の兄にあたる月山大君（월 산대군《ウォルサンテグン》）の私邸でしたが、一時、王宮として使われてから、王宮と呼ばれるようになった宮殿です。

新羅時代の遺跡の宝庫・慶州《キョングジュ》

慶州（경 주《キョングジュ》）は、慶尚北道（경상 북 도《キョングサングプクト》）にあって、新羅（신라《シルラ》）の古い首都です。紀元前の古代国家の時代から、七世紀の全国統一を経て、九三五年に新羅が滅亡するまでの間、一〇〇〇年近い間に亙《わた》って、新羅の首都として繁栄したところで、古跡や名所が多く、街全体が博物館であるとさえいわれます。

韓国一の観光地ですが、日本の奈良・飛鳥と同じように、観光だけでなく、学術的にも重要な所です。

美術史学の泰斗《たいと》であった浜田青陵《はまだせいりょう》氏は、『奈良と慶州』という一文の中で、「この東洋の二つの都市は、その時代においてもその性質においても、酷似しており、これほど似通った気分をわれわれに与えるものは、他に多くあるまいと思われるくらいである。（中略）それゆえ奈良の旧都に憧れるものは、同じ理由でかならずや慶州に深い愛着を感じる」と述べています。

慶州は、

東に、明活山（명 활 산《ミョングファルサン》）

南に、南山（남산《ナムサン》）と望星山（망 성산《マングソングサン》）

西に、仙桃山（선도산《ソンドサン》）

北に、金剛山（금 강산《クムガングサン》）と玉女峰（옥녀 봉《オクニョポング》）

など、四方を山に囲まれた盆地で、北川（북 천《プクチョン》）、南川（남 천《ナムチョン》）、西川（서 천《ソチョン》）の三つの川が、町を囲むように流れています。

慶州に来た人は、まず、お椀を伏せたような、大きな円形古墳が無数にあるのに、強烈

慶州
中央線
大陵苑
（古墳公園）
慶州駅
普門湖
芬皇寺址
徳洞湖
天馬塚
瞻星台
雁鴨池
石氷庫
東海南部線
鮑石亭
東方駅
吐含山
石窟庵
仏国寺
金鰲山
仏国寺駅
高位山

な印象を受けます。中でも慶州駅（경주역《キョングチュヨク》）の近くにある古墳公園（고분공원《コブンコングウォン》）は、約四万坪の公園内に、大小約二〇の古墳があって、ほかでは見られない偉観です。

その中で天馬塚（천마총《チョンマチョング》）と呼ばれる古墳は、内部に入ることができ、内部に出土品の模造品が、出土当時のまま並べて展示されていますし、古墳自体の内部構造も見ることができて、素人眼にもたいへんおもしろいところです。

この付近には、有名な遺跡が多く、芬皇寺（분황사《ブンファングサ》）、瞻星台（첨성대《チョムソングデ》）、雁鴨池（안《ア》압지《ナプチ》）、石氷庫（석빙고《ソクピングゴ》）などがあります。

瞻星台《チョソングデ》は、道路脇に立った高さ九メートルの石造りの塔で、七世紀半ばに建てられた東洋最古の天文台です。

雁鴨池《アナプチ》は、臨海殿（임해전《イムヘチョン》）という建物のある池で、新羅王朝の宴遊会場でありました。

石氷庫《ソクピングコ》は、石を積み上げて造った冷蔵庫で、天然氷を保存するのに使われました。

町の中心から、南に離れて、南山の山麓に鮑石亭（포석정《ポソクチョング》）があります。ここは、新羅王朝の離宮の跡で、花崗岩《かこうがん》で作った、鮑《あわび》の形の流水池があります。「曲水《きょくすい》の宴《えん》」と呼ばれますが、池の周りに坐った王族や高官が、盃を浮べて歌を詠んだという優雅な

半円形が波打つように並ぶ古墳公園

世界文化遺産に指定されている仏国寺

所です。

新羅最後の王、景哀王（경 애 왕《キョングエワング》）が、ここで宴を楽しんでいる最中に叛徒に襲われ、滅ぼされたという悲劇の舞台でもあります。

町から、一〇キロほど南東に離れて、吐含山（토함산《トハムサン》）の中腹に、有名な仏国寺（불국사《ブルククサ》）があります。五三五年に建立《こんりゅう》された、松林に囲まれた雄大華麗な大寺院です。木造部は、その後の戦禍に焼かれ、再建されたものです。

正門の紫霞門（자하문《チャハムン》）に登るところの、白雲橋（백운교《ペクウンキョ》）、青雲橋（청 운교《チョングウンキョ》）の石橋も美しい。門の中には、正面に大雄殿（대웅 전《テウングヂョン》）があり、その前には、右に国宝の多宝塔（다보탑《タボタブ》）、左に国宝の釈迦塔（석가탑《ソカタブ》）と呼ばれる石造りの塔が立っています。

吐含山の東側中腹に、有名な石窟庵（석굴암《ソクラム》）があります。花崗岩《かこうがん》を積み上げて造った人口石窟で、中に高さ三・四三メートルの、花崗岩から丸彫りで造られた、釈迦如来《しゃかにょらい》（석가여래《ソクカヨレ》）の坐像が安置されています。この仏像の美しさは、石像彫刻としては世界にも比類のないものと、絶賛されていますが、像は東を向いているので、とりわけ朝日の時が一段と美しいといわれています。そこで大勢の人が明け方に山を登っていきます。

私が行ったときも、平日にもかかわらず、日の出の前には、大変な人出でした。みんなが固唾を呑《の》んで見守る中、やがて昇りくる朝日が、その顔面を映し出すときの美しさといったらたとえようがありません。もう誰もが感嘆の声一つあげることなく、ただじっと見入るのみでした。

先ほども紹介した浜田青陵氏は、同じ文の中で、次のように述べています。

「その花崗岩を材料とする石造建築と石造彫刻は、奈良にはまったく見ることのできない種類の遺物であって、その芸術上の価値の勝《すぐ》れた点においても、東亜三国に冠《かん》たるものであろう」


韓国語を使った私に、サインを求めてきたボーイ

再び서울《ソウル》のホテルでの話です。いつもは、ホテルの地下の日本食堂で、日本式の朝食をしていましたが、その朝は、一番上の洋式の食堂に行ってみました。

欧米人の宿泊客の多いそのホテルの食堂では、すでに大勢のアメリカ人らしい人たちが、食事をしていました。

「안녕《アンニョング》 하십니까《ハシムニカ》 한사람《ハンサラム》」

と言いながら、入って行くと、ボーイ（보이《ポイ》）が席へ案内してくれました。

メニューを見て、しばらくして、

「여보세요《ヨボセヨ》（もしもし）」

と、ボーイを呼んで、

「오렌지주스《オレンジヂュス》（オレンジ・ジュース）、함앤드에그《ハムエンドゥエグ》（ハムエッグ）、토우스트《トウストゥ》（トースト）、코《コ》오피《オピ》（コーヒー）를《ルル》（を）주십시오《チュシブシオ》（ください）」

と注文しました。食事を運んできたボーイは何事か韓国語で、二言《ふたこと》、三言《みこと》言いますが、さっぱり分からないので、英語に切りかえてみると、彼は英語がペラペラでした。

私のオレンジ・ジュース、ハム・エンド・エッグ、トースト、コーヒーの発音が、英語式だったのでしょう。ボーイは、私のことを近頃多いアメリカ育ちの韓国人の二世と思ったようでした。食事が終わって、追加のコーヒーを注ぎに来たボーイは、それでも納得できなかったようで、突然、きれいな日本語で、おそるおそる、

「失礼ですが、お客さんは、もしかして日本人でいらっしゃいませんか」

と、聞いてきました。にやりとして、

「そうですよ」と答えると、ボーイは実に嬉しそうな顔をして、

「今まで、何人も日本のお客さんが、おみえになりましたが、韓国語と英語とを話される

お方は初めてです。申し訳ありませんが、サインしてくださいませんか」

と言って、紙とボールペンとを持ってきました。注文だけの簡単な韓国語でしたが、それでも、韓国語を話そうと努力している日本人がいることは、韓国の人にはよほど嬉しいことのようでした。

それにしても、韓国語を話そうとする日本人がほとんどいないことを、このときの体験で、私はあらためて知りました。

6章

日本文から韓国文へのアプローチ

——「て・に・を・は」の使い方から、疑問文・依頼文の作り方まで

日本語と韓国語は、語順が同じ

ここまでいろいろと、単語を中心にご紹介してきました。単語は文章の基ですし、単語を並べただけでも、片言なら通じさせることができます。

しかし、それを文章にすることができれば、ぐんと幅が広がることは当然です。しかも、これまでも何度か申し上げてきたとおり、日韓両国語は、文法がたいへん似ていて、特に語順はまったく同じです。したがって、日本人にとって、韓国語の文章はたいへんやさしいのです。こんな外国語は、ほかにはそんなにたくさんありません。

私たちは、小さい時から、英語を習いましたが、文法がまったく違いますから、苦労させられました。

I am a boy. Give Me a Book.

私 は 少年です。 私に本をください。

などのように、とくに語順が日本語と英語では逆になりますから、英語の場合では、語順から勉強しなければなりませんでした。

中国語も同じことで、漢文の話をすると、「ああ、あの返り点のついた文章ですね」と言う人があります。漢文、つまり中国語は、日本語とは文法も語順も違うので、漢文を日本語式に読もうとすると、返り点をつけて、元に戻ったりしなければいけません。ところが韓国語は、語順が同じですから、単語を一語ずつ日本語と置き換えさえすればよいのです。

そのうえ、英語には「私は少年です」の「は」はありませんし、「私に本をください」の「に」「を」もありません。しかし韓国語には、日本語の「て、に、を、は」に相当するものが、ちゃんとあるのです。

また英語では、A boy, a book など、単数、複数がやかましくて、日本人を悩ませますが、韓国語は、日本語と同じように、単数・複数の区別は曖昧《あいまい》です。

ですから、かつて、ソウルの大使館に勤務していた岡崎久彦《おかざきひさひこ》氏などは、「少しでも韓国語を勉強した人は、誰もが、この似方《にかた》はただごとではないと思わざるをえません。私自身、韓国語を覚えはじめた時、二〇年以上外国を渡り歩いてきて、初めて外国語でない言葉を習っているという感じがしました」（『隣の国で考えたこと』中公文庫）とまで、述べているくらいです。

한글（ハングル）文字に驚いて、韓国語はむずかしいと考えるのは、誤解以外の何ものでもありません。漢字の韓国語読みと、한글《ハングル》さえ覚えてしまえば、外国語を勉強するのだと、肩肘《かたひじ》を張る必要はないのです。

韓国外国語大学（한국외국어대학교《ハングクウェグクオテハクキョ》）の南星祐（남성우《ナムソングウ》）教授に来日していただいて、教えを受けたことがありました。先生は、師範大学国語教育科（사범대학국어교육과《サボムテハググクオキョユククワ》）の教授ですが、日本語はほとんど話されません。それなのに、日本の新聞などの日本語の文章を自由に読まれます。

最初、私は、共通である漢字を拾い読みされるのだとばかり思っていました。ある時、先生が、日本文を声を出して、すらすら読まれるのを聞いて驚きました。先生は、なんと日本文を韓国語で読んでおられるのでした。単語の一つ一つを、「て・に・を・は」に至るまで、対応する韓国語に置き換えて読まれているのです。しかも、それがそのまま、ちゃんと韓国文になっているようでした。

逆に先生は、声を出して、韓国語を話されながら、日本文をさらさらと書かれるのでした。というのは、韓国語の単語を、漢字語は漢字で、その他の単語は、それぞれ対応する日本語の単語に置き換えて書いていかれるのです。出来上がってみると、それがちゃんとした日本文になっていました。

日本文と韓国文とは、そんな関係にあることは、よく頭に入れておくべきです。つまり、韓国語の文章は、単語を一つずつ対応する日本語の単語に置き換えると、日本文となります。逆に日本語の文章は、単語を一つずつ韓国語の単語に置き換えると、韓国語の文章となります。

ですから、他の外国語の勉強とは違って、韓国語の勉強は、両国語の対応する単語の勉強だと言えます。

ただ、その際に、韓国の固有語は、対応する日本語とは、何ら関係がありませんから、頭から覚えていかねばなりません。

このように何の脈絡もない単語をそれだけ切り離して覚えていくというのは、なかなか容易なことではありません。そこで日本語と語順が同じなのを活用して、日本語の文章の中で、韓国固有語の単語だけを置き換えていくのもよいと思います。

単語だけ入れ換えれば、ただちに韓国文が完成

これから、日本文の中の単語を逐次《ちくじ》、韓国語の単語に入れ換えていくという作業をやってみます。知らない単語は日本文のままにしておいて、新しく勉強して覚えたつど、韓国語に置き換えます。日本語の部分が全部なくなると、韓国文が完成するというわけです。

では、次の二つの日本文を、韓国文に直していってみましょう。

まず元の日本文だけを挙げましょう。

①**もしもし**、時計売場は**どこ**ですか。**あちら**ですか。**あの**時計を見せてください。**これ**も見せてください。**あす十二月二十五日**はクリスマスです。**これ**はクリスマスの贈り物です。**これ**をください。五〇〇〇**ウォン**ですか。

②**私**は**きょう**から新入社員です。バスで会社に行きます。会社は、**市庁**の前にあります。会社は、**午前8時**に始まります。**午後4時**に終わります。**日曜日**は**休日**です。

この中で太字の部分の単語は、これまでにすでに紹介していますから、そのまま、当てはめればよいのです。

また傍線部のクリスマス、バスは外来語で、韓国語ではそれぞれ、크《ク》리《リ》스《ス》마《マ》스《ス》、버《ポ》스《ス》と

なります。

さらに新入社員、会社という漢字語は、それぞれ신입사원《シンイプサウォン》（新入社員）、회사《フェサ》（会社）となります。

では、ここまでの単語を元の日本文に当てはめてみましょう。すると次のようになります（第一段階・日韓混合文）。

①

여보세요《ヨボセヨ》、時計売場は 어디《オディ》ですか。저기《チョギ》ですか。
저《チョ》時計を見せてください。이것《イゴッ》も 見せてください。
내일《ネイル》 십이월《シビウォル》 이십오일《イシプオイル》は 크리스마스《クリスマス》です。이것《イゴッ》は 크리스마스《クリスマス》の 贈り物です。
이것《イゴッ》を ください。五〇〇〇원《ウォン》ですか。

②

나《ナ》は、오늘《オヌル》から신입사원《シンイプサウォン》です。
버스《ポス》で회사《フェサ》に行きます。회사《フェサ》は、시청《シチョング》の 앞《アプ》に あります。
회사《フェサ》は、오전《オジョン》 여덟시《ヨドルシ》に 始まります。오후네시《オフネシ》に 終わります。
일요일《イリョイル》は휴일《ヒュイル》です。

「て・に・を・は」の用法も、日本語とまったく同じ

さて、日本語を勉強する欧米人が、よくむずかしいと指摘するものに、助詞すなわち「て・に・を・は」があります。

ところが語順が、日本語と同じである韓国語にも、ちゃんと、「て・に・を・は」があります。それに、「て・に・を・は」の使い方も、日本語と同じですから、日本語に対応する韓国語の「て・に・を・は」を覚えて、それと置き換えればよいわけです。この点、日本人にとっては大助かりです。

ここで韓国語の「て・に・を・は」を整理しておきます。

最も使用頻度の高いのは、「〜は」「〜が」「〜を」の三つです。これに対応する韓国語は、次のとおりです。

は……**는**（ヌン）、　または　**은**（ウン）
が……**가**（カ）、　または　**이**（イ）
を……**를**（ルル）、　または　**을**（ウル）

〈よく使う韓国語の助詞〉

(ア) 〜の→의(エ)

あなたの本　日本の国旗

당신《タングシ》 의《ネ》 책《チエク》(冊)　일본《イルボ》 의《ネ》 국기《ククキ》

(イ) 〜と〜→와(ワ)または과(クワ)

犬と猫　南と北

개《ケ》 와《ワ》 고양이《コヤングイ》　남《ナム》 과《グワ》 북《プク》

※前の単語が母音で終わるときは와、子音で終わるときは과です。

(ウ) 〜も→도(ド)

私も(行きます)。　これも(ください)。

나도《ナド》——　이것도《イゴット》——

(エ) 〜に、〜で(場所)→에(エ)、에서(エソ)

ホテルで(待ちます)。　学校に(行きます)。

호텔에서《ホテレソ》——　학교에《ハクキョエ》——

(オ) 〜で(手段)→로(ロ)、または으로(ウロ)

自動車で(行きます)。　連絡船で(帰ります)。

자동차《チャトングチャ》 로《ロ》——　연락선《ヨンラクソ》 으로《ヌロ》——

※前の単語が母音で終わるときは로、子音で終わるときは으로です。

(カ) 〜から(場所)→에서(エソ)、または서(ソ)

釜山から(来ます)。

부산《プサ》 에서《ネソ》(または서《ソ》)——

(キ) 〜から(時間)→부터(プト)

朝から(夜まで)

아침《アチム》 부터《プト》——

(ク) 〜まで→까지(カジ)

朝から夜まで　ホテルまで(行きます)。

아침부터밤까지《アチムプトバムカジ》　호텔《ホテル》 까지《カジ》——

このうち、その前にきた名詞の語尾が母音で終わっている場合は、는(ヌン)、가(カ)、를(ルル)を、子音で終わっている場合は、은(ウン)、이(イ)、을(ウル)を使います。

その他の助詞については、前ページの囲みで、使用例とともにまとめて紹介しましたので、そちらをご覧ください。

さて、先ほどの例文に戻ります。199ページの第一段階の日韓混合文で助詞に当たる部分は、太字で示してあります。それをすべて韓国語に置き換えてみましょう。

次のようになります(第二段階・日韓混合文)。

①

여보세요《ヨボセヨ》、時計売場**은**《ウン》 어디《オディ》ですか。저기《チョギ》ですか。

저《チョ》時計**를**《ルル》 見せてください。이것**도**《イゴット》 見せてください。

내일《ネイル》 십이월《シビウォル》 이십오일**은**《イシブオイルン》 크리스마스《クリスマス》です。이것**은**《イゴスン》 크리스마스**의**《クリスマスエ》 贈り物です。

이것**을**《イゴスル》 ください。五〇〇〇원《ウォン》ですか。

②
나는《ナヌン》 오늘부터《オヌルプト》 시입사원《シニプサウォン》です。
버스로《ポスロ》 회사에《フェサエ》 行きます。회사는《フェサヌン》 시청의《シチョングエ》 앞에《アペ》 あります。
회사는《フェサヌン》 오전《オジョン》 여덟시에《ヨドルシエ》 始まります。오후네시에《オフネシエ》 終わります。
일요일이《イリョイリ》 휴일《ヒュイル》です。

「〜です。〜ます」「〜ですか」という言い方は？

さて、こうしてみると、残っているのは「〜です」、「始まります」「行きます」「あります」「終わります」「見せてください」「ください」「ですか」などです。これらを対応する韓国語に置き換えると、全文が韓国文になります。

これらは、用言《ようげん》と呼ばれるもので、これを覚えないと文章はできません。

これらの中で、一番多く出てくるのは、「〜です。〜であります」という言い方です。

これは、입니다（イムニダ）です。

〈動詞の活用による表現のいろいろ①〉

①

〔否定〕「～では、ありません」――「～아닙니다《アニムニダ》」
「～は、ありません」――「～없읍니다《オプスムニダ》」

（いいえ、それは 時計では ありません。
아니오《アニオ》、저것은《チョゴスン》 시계가《シゲガ》 아닙니다《アニムニダ》。

（無窮花《ムクゲ》 は ありません。
무궁화는《ムクングファヌン》 없읍니다《オプスムニダ》。

②

〔進行〕「～しています」――「（語幹＋고《ゴ》）＋있읍니다《イスムニダ》」

（私は 絵を 見て います。
저는《チョヌン》 그림을《クリムウル》 보고《ポゴ》 있읍니다《イスムニダ》。

※見る―봅니다《ポムニダ》

③

〔可能〕「～することが、できます」――「（語幹＋ㄹ《ル》）＋수《ス》＋있읍니다《イスムニダ》」

（私は 行く ことができます。
저는《チョヌン》 갈《カル》 수《ス》 있읍니다《イスムニダ》。

※行く―갑니다《カムニダ》

〈動詞の活用による表現のいろいろ②〉

④ **〈願望〉「～したいです」――「(語幹＋고《ゴ》)＋싶습니다《シプスムニダ》」**

（私は　勉強　したいです。
저는《チョヌン》　공부《コングブ》（工夫）하고《ハゴ》　싶습니다《シプスムニダ》。

※～する―합니다《ハムニダ》

⑤ **〈勧誘〉「しましょう」――「語幹＋ㅂ시다《プシダ》」**

（さあ、みなさん、乾杯　しましょう。
자《チャ》　여러분《ヨロブン》　건배《コンペ》（乾杯）합시다《ハプシダ》。

⑥ **〈連体形〉「～する～」――「語幹＋는《ヌン》」**

（ここに　ある　本
여기에《ヨギエ》　있는《インヌン》　책《チェク》

※ある―있읍니다《イスムニダ》

（運転　する　人
운전《ウンチョン》（運転）하는《ハヌン》・사람《サラム》

※する―합니다《ハムニダ》

「〜です。〜であります」――입니다（イムニダ）

他の場合もそうですが、ㅂ니다《ムニダ》は語尾で、他の用言にも、いつも使います。これは、ムニダと読むので、プニダと読まないことにも、注意しましょう。

〈例〉（私　は　日本　人　です。
나《ナ》　는《ヌン》　일본《イルボン》　사람《サラム》　입니다《イムニダ》.

（これは　地図　です。
이것은《イゴスン》　지도《チド》　입니다《イムニダ》.

・「始まります」は、始作（시작、シジャク）됩니다（トェムニダ）です。
・「行きます」は갑니다（カムニダ）です。
・「〜にあります」は있읍니다（イスムニダ）です。これは、「〜にあります。〜にいます」というぐあいに、存在を表わします。

・「終わります」は끝납니다（クッナムニダ）です。

また、「ですか」は、「です」の疑問の形です。「です」の입니다は、語幹이に、ㅂ니다という語尾が付いたものです。疑問形では、次のようになります。

《疑問形――語幹＋ㅂ니까（ムニカ）》

したがって、「**ですか**」は、**입니까**（イムニカ）となります。日本語が、「ですか」と「か」で終わり、韓国語も、입니까（イムニカ）と、「カ」で終わるのは、おもしろいですね。

次に「ください」は「くださる」という動詞の命令の形です。

《命令形――語幹＋세요（セヨ）、または십시오（シプシオ）》

たとえば、「行きます」は、가（カ）という語幹にㅂ니다（ムニダ）という語尾をつけて、갑니다（カムニダ）ですが、命令の形で「**行きなさい**」となると、語幹の가（カ）に、세요（セヨ）、または십시오（シプシオ）をつけて、**가세요**（カセヨ）、または**가십시오**（カ

シプシオ）となります。

「くださ い」は「くださる」「与える」の命令形です。「くださる」は줍니다（チュムニダ）で、語幹は주（チュ）ですから、命令形は、**주세요**（チュセヨ）または**주십시오**（チュシプシオ）です。

「**見せてください**」は、ずいぶん丁寧な言い方ですね。英語でしたら、単にShow me, please と、せいぜい please がつくくらいですが、韓国語では、日本語のとおりの言い方をします。

「見せて」は、보여（ポヨ）と言いますから、これに「ください」をつけて、**보여 주세요**（ポヨ・チュセヨ）または **보여 주십시오**（ポヨ　チュシプシオ）と言います。

いま例文の中に、たまたま動詞の疑問形と命令形が出てきましたが、動詞の活用形にはこのほかにも、「私は〜したい」という願望形、「私は〜することができる」という可能形など、さまざまな形があります。

これらを、ひとつひとつ説明していきますと、文法の教科書のようで、たいへん繁雑になりますので、本書では、204・205ページの表で、まとめて簡単に紹介することにしました。ぜひご活用ください。

これで韓国文への転換完了

話を戻します。これで例文は、すべて韓国語に置き換えることができるようになりました。

その前に名詞の一部の説明が残っていましたが、「時計」はそのまま漢字を韓国語読みして、시계（シゲ）、「売場」は、「販売場」という漢字語を韓国語読みして、판매장（パンメジャング）です。

また「贈り物」は、「膳物」を韓国語読みして선물（ソンムル）です。

完成文は次のようになります。太字の部分が、最後に韓国語に入れ換わったところです。

①　여보세요《ヨボセヨ》　시계판매장《シゲパンメジャング》　은《ウン》　어디《オディ》　**입니까**《イムニカ》**?**　**저기**《チョギ》　**입니까**《イムニカ》.

もしもし、　時計売場　は　どこ　ですか。　あちらですか。

저《チョ》 시계《シゲ》 를《ルル》 보여주십시오《ポヨジュシプシオ》. 이것《イゴッ》 도《ト》 보여주십시오《ポヨジュシプシオ》.
あの時計 を 見せてください。これ も 見せてください。
내일《ネイル》 십이《シビ》 월《ウォル》 이십오일《イシプオイル》 은《ン》 크리스마스《クリスマス》 입니다《イムニダ》.
あす 十二 月 二十五日 は クリスマス です。
이것《イゴス》 은《ン》 크리스마스《クリスマス》 의《エ》 선물《ソンムル》 입니다《イムニダ》.
これ は クリスマス の 贈り物です。
이것《イゴス》 을《ル》 주세요《チュセヨ》. 오천《オチョン》 원《ウォン》 입니까《イムニカ》.
これ を ください。五〇〇〇 ウォンですか。

②
나《ナ》 는《ヌン》 오늘《オヌル》 부터《プト》 신입사원《シニプサウォン》 입니다《イムニダ》.
私 は 今日 から 新入社員 です。

버스《ポス》 로《ロ》 회사《フェサ》 에《エ》 갑니다《カムニダ》.
バスで会社に行きます。

회사《フェサ》 는《ヌン》 시청《シチョング》 의《エ》 앞《ア》 에《ペ》 있읍니다《イスムニダ》.
会社は市庁の前にあります。

회사《フェサ》 는《ヌン》 오전《オジョン》 여덟《ヨドル》 시《シ》 에《エ》 시작됩니다《シジャクトエムニダ》.
会社は午前八時に始まります。

오후《オフ》 네시《ネシ》 에《エ》 끝납니다《クッナムニダ》. 일요일《イリョイ》 이《リ》 휴일《ヒュイル》 입니다《イムニダ》.
午後四時に終わります。日曜日は休日です。

いかがでしょうか。韓国語と日本語がいかに近い関係にあるか、そして日本人にとって韓国語は、思いのほかやさしいということが、おわかりいただけたでしょうか。

ここまでの知識があれば、簡単な文章を書いたり、日常会話を交《か》わすことは、充分可能なはずです。今後の課題は、単語の数を増やしていくことで、あとは慣れの問題です。

ゴルフ場のスコアカードの注意書きも読めた

56ページに紹介した、泰陵（태릉、テヌング）カントリー・クラブのスコアカードの裏に書かれたローカル・ルールも、今となっては、多少の補足説明だけで、充分読みこなせるはずです。

青色（청색《チョングセグ》）은《ン》　워터하사트《ウォトハサトゥ》.
青色は　ウォーターハザード。
黄色（황색《ホワングセグ》）은《ン》　並行（병 행《ピョングヘング》）워터하사트《ウォトハサトゥ》.
黄色は　平行　ウォーターハザード。
白色（백색《ペクセグ》）은《ン》　아우트바운트《アウトバウントゥ》.
白色は、アウト・バウンド（OB）。

赤色（적색《チョクセグ》）은《ン》 언더리페어《オンドリペオ》 를《ルル》 各々（각각《カクカク》）標示（표시《ピョウシ》）한다《ハンダ》.

赤色　は、アンダー・リペア　を　各々　標示　する。

上記（상기《サングギ》）以外（이외《イウェ》）는《ヌン》 제네랄《ゼネラル》 를《ルール》 을《ル》 適用（적용《チョクヨング》）한다《ハンダ》.

上記　以外　は、ゼネラル　ルール　を　適用　する。

한다（ハンダ）は、丁寧語の합니다（ハムニダ）の普通語で、このような一般的な場合に使います。

韓国のゴルフ場に行かれたときは、どこのゴルフ場であっても、スコアカードの裏には、これに似たことが書いてあるはずです。

ここまでの知識で、意味は充分わかるでしょうし、声を出して読めば、キャディさんに人気の出ることは確実で、その日のゴルフは一段と楽しいものになることでしょう。

〈韓国語による簡単な計算〉

① 1＋2＝3

1 (일《イル》)과《クァ》 2 (이《イ》)는《ヌン》 3 (삼《サ》)이《ミ》 됩니다《トェムニダ》.

(1 と 2 は、 3 になります。)

② 4＋5＝9

4 (사《サ》)와《ワ》 5 (오《オ》)는《ヌン》 9 (구《ク》)가《ガ》 됩니다《トェムニダ》.

(4 と 5 は、 9 になります。)

［「〜と」は、과か와、「〜に」は이か가。
前の単語の語尾が母音のときは、와、가を用い、
前の単語の語尾が子音のときは、과、이を用います。］

③ 5×3＝15

5 (오《オ》)의《エ》 3 (삼《サム》)배《ペ》는《ヌン》 15(십오《シボ》)입니다《イムニダ》.

(5 の 3 倍は、 15 です。)

④ 2＝8÷4

2 (이《イ》)는《ヌン》 8 (팔《パ》)의《レ》 4 (사《サ》)분《ブ》의《ネ》 1 (일《イル》)입니다《イムニダ》.

(2 は、 8 の 4 分の 1 です。)

7章

韓国語会話の勘所《かんどころ》

——ホテルで、喫茶店で、韓国語の話し言葉はこれで充分

片言でも韓国語を話せば、ぐんと印象度がアップする

日本人は、外国語が下手だとよく言われます。国民性というのでしょうか、こんな言い方をしたら笑われるのではないか、という考えが、ついつい先に立って、できるだけ話さないですませようとします。これでは、外国語が話せるようにはなりません。

韓国は、日本にとってあらゆる意味で、一番近く、最も興味深い外国です。歴史の跡を訪ねるのも、近代韓国を見て歩くのも、おもしろいことで、これからも、韓国に出かける人は、ますます増えてきます。韓国に行ったら、できるだけ韓国語を使ってみることです。

繰り返しますが、一介の旅行者でも、韓国語を話す機会はいくらでもあります。ホテルの従業員、レストランの従業員、土産物店の店員など、商売意識もあるうえに、サービス精神も旺盛です。お客さんの多少怪《あや》しげな韓国語でも、理解しようとしてくれます。いやな顔をするよりも、韓国語を話そうと努めている姿勢に、親しみと好意を持ってくれてサービスもよくなるのです。先に紹介した秋田訛《なま》りの韓国語のKさんが、そのいい例でしょう。

本書の中で私は、繰り返し韓国語はやさしいと言ってきましたが、実は韓国語の正しい

発音は、なかなかむずかしく、とりわけ、ㅓとㅗ、ㅜとㅡ、ㄱとㄲとㅋなどの区別は、日本人には不可能だと言う人もいます。長年、韓国に住んでいる人でさえ、完全には発音できないと言います。

こんな話があります。長いこと서울《ソウル》に住んでいる日本人が、同じ店でよくパンを買いました。ところが、その人がパンと言うたびに、店の主人は、おかしそうに笑うのだそうです。何度もそんなことがあって、その人は、思いあまって、なぜ笑うのか聞いてみました。店の主人が言いますには、

「パンは빵《パング》ですが、あなたは방《パング》と言うのです。방は『房』で部屋のことです。あなたはいつも部屋をくださいと言っているんです」と。

つまりこの人は、ㅃとㅂとの発音の区別ができていなかったのです。しかし、それでもパンを買うのには、別に不自由はしませんでした。

韓国人と同じように、自由自在に韓国語が話せるようになろうとするのなら大変ですが、外国人の日常会話としては、多少の誤りは、文章や話の前後の続きで分かってくれます。

ただし、失敗談もないわけではありません。これは、現地の化学工場の技術指導に赴《おもむ》い

た同僚の経験談です。あるとき彼が分析実験の指導中、韓国人に韓国語で、「水を入れろ」と指示したのだそうです。ところがその韓国人がキョトンとしているので、再度怒鳴ったところ、やおら外へ出ようとするので、彼もあわててしまったそうですが、これは、彼が水を「モレ」と発音したためでした。

韓国語で水のことは「ムル물」といいます。「モレ모래」といえば砂のことです。つまり彼は、「砂を入れろ！」と怒鳴っていたわけで、韓国人の困惑ぶりが目に浮かぶようです。

これは、彼が「水は洩れ（モレ）る」と憶えていたためのアクシデントでした。いくら多少の間違いは構わないとは言っても、もう少し気をつけたいものです。

「水」の「ムル물」は、確かにむずかしい発音で、食堂で、「물주세요《ムルジュセヨ》（水をください）」と言ったつもりでも、なかなか通じないことがあります。물《ムル》は、うんと唇をつぼめて、[mul]と言わなければなりません。

正確な発音は、録音テープやテレビ、ラジオの講義で、ぜひ勉強しなければなりません。しかし、何度も言うように、あまりそちらに気をとられていると、韓国語自体が分からなかったり、途中であきらめることにもなりかねません。それでは本末転倒です。どうせ外国人なんだと、たかをくくって話してみる度胸が、意外にものをいうのではないでしょうか。

日本人でも、英語を上手に話す人は、大勢います。しかし、この上手な人の中にも、thの発音や、l《エル》とr《アール》の発音、fの発音など怪しい人もいます。それでも結構通じています。これらの方々は、どうせ外国語なのだから、母国語のようにはいかないんだと割りきっているのだと思います。

あるとき、ドイツ人と話したことがあります。その人は、英語が上手でしたので、会話は英語でした。しかし、その人のドイツ訛《なま》りは相当なもので、ロスアンゼルスを、ロスアンゲルスと発音するようなわけでした。それでも、ドイツ語でペラペラ話されるよりも、どんなにか助かりました。

彼は、自分のドイツ訛りは、あまり気にしないで、英語は外国語であると割りきっているようでした。

意味を考え、日本語と同じテンポで話すのがコツ

韓国の会社を、若いTさんと一緒に訪ねたことがありました。私は何度も行っていましたが、Tさんは初めてでした。張りきり屋のTさんは、韓国語のできる友人から、挨拶文を片カナで書いてもらって、何日もかけて丸暗記しました。

会社に着いて、親しくしている幹部の方々に、Tさんを紹介すると、Tさんは丸暗記した韓国語で、初対面の挨拶を始めました。ところが、韓国の方々には、Tさんの言葉はよく通じませんでした。

というのも、Tさんは、意味も分からずに、音《おん》だけをただ暗記したので、「今日《こんにち》は」の안녕하십니까（アンニョングハシムニカ）にしても、アン・ニヨンハ・シムニカというぐあいに、意味と関係なく、変なところでブッブツ切ってしまい、また、감사합니다（カムサハムニダ）にしても、カ・ムサハ・ムニダとなってしまったので、相手にはまったく通じず、せっかくのTさんの苦心も水の泡《あわ》でした。

このように、いくら抜群の記憶力で片カナを丸暗記しても、一語一語の意味を知っていなければ、結局は、無駄になってしまいます。

안녕하십니까（アンニョングハシムニカ）は、日本語で「安寧でいらっしゃいますか」という意味ですから、日本語で「安寧でいらっしゃいますか」と言うのと同じテンポで話せばよいのです。감사합니다（カムサハムニダ）にしても、日本語の「感謝します」と同じテンポで話すことです。

〈ものを尋ねる言い方のいろいろ〉

(1) **何―무엇《ムオッ》**

무엇이《ムオシ》 있읍니까《イスムニカ》?
何が　ありますか。
당신은《タングシヌン》 무엇을《ムオスル》 보고《ポゴ》 있읍니까《イスムニカ》?
あなたは　何を　見て　いますか。

(2) **誰―누구《ヌグ》**

저《チョ》 분은《ブヌン》 누구《ヌグ》 입니까《イムニカ》?
あの　方は　誰　ですか。
저기에《チョギエ》 있는《インヌン》 사람은《サラムン》 누구《ヌグ》 입니까《イムニカ》?
あそこに　いる　人は　誰　ですか。

(3) **どこ―어디《オディ》**

일본《イルボン》 대사관《テサグヮ》 은《ヌン》 어디《オディ》 에《エ》 있읍니까《イスムニカ》?
日本　大使館　は　どこ　に　ありますか。
이《イ》 기차《キチャ》 (汽車) 는어디까지《ヌンオディカジ》 감니까《カムニカ》?
この　汽車　はどこまで行きますか。

(4) **いくら―얼마《オルマ》**

이것은《イゴスン》 얼마《オルマ》 입니까《イムニカ》?
これは　いくら　ですか。
または　이것은《イゴスン》 얼맙니까《オルマムニカ》?

つまり、日常会話でも、片カナの丸暗記で、その片カナを並べさえすればよいというわけにはいきません。いつも、一語一語の意味を考えながら、日本語を話すつもりで話すことです。

第一、意味も分からず丸暗記したものは、忘れやすく、応用もまるで利《き》きません。

韓国語の基礎は、英語などとは比較できないほどやさしいのですから、日常会話も、少し掘り下げて、基礎を理解しておくのが得策です。

ひとつ例を示しましょう。

「さよなら」は、韓国語では、人を送るときと、人に送られるときとで、別の言い方をします。

送る人から送られる人へ向けては、「안녕히《アンニョンヒ》・가세요《カセヨ》」と言い、

逆に、送られる人から送る人には、「안녕히《アンニョンヒ》・계세요《ケセヨ》」と言います。

意味が分からないと、どちらがどちらであったか、すぐ忘れてしまいますが、意味が分かりさえすれば、何でもありません。

つまり、안녕히《アンニョンヒ》は、「安寧に、安らかに」ということですし、

가세요《カセヨ》は、갑니다《カムニダ》（行く）の命令形で、「行きなさい」という意味です。

一方、계세요は、있습니다《イスムニダ》（いる）の敬語である계십니다《ケシムニダ》（いらっしゃる）の命令形で、「いらっしゃい」という意味です。

ですから、「さよなら」と言うにも、

안녕히《アンニョンヒ》 가세요《カセヨ》……安らかに行きなさい

안녕히《アンニョンヒ》 계세요《ケセヨ》……安らかにおいでなさい

と、日本語で言うつもりで話すことです。

日常会話も、今まで述べたところと、まったく変わりありません。一語ずつ、日本語と韓国語とを置き換えれば、よいのです。

暗記してしまえば便利な会話文の実例

次に、ホテル、喫茶店、会社と三つの状況を設定して、実際の会話文を紹介します。最も応用が利《き》くと思われる会話表現を選びましたので、韓国語と日本語との意味を対応させて、読んでください。この程度の表現を頭に入れておくだけでも、実際の場で、たいへん役立つはずです。

(1) ホテル（호텔《ホテル》）で

フロント「어서《オソ》 오십시오《オシップシオ》」
　　いらっしゃいませ。

客「안녕《アンニョング》 하십니까《ハシムニカ》？ 예약《イェヤク》（予約） 하고있는《ハゴインヌン》
　　こんにちは、 予約 している
　와타나베《ワタナベ》 입니다《イムニダ》. 부탁《プタク》（付託） 합니다《ハムニダ》.」
　渡辺 です。 お願い します。

フロント「와타나베《ワタナベ》 선생님《ソンセングニム》（先生さま） 이십니까《イシムニカ》. （이십니까は입니까《イムニカ》に시をつけた敬語）
　　渡辺 さまで いらっしゃいますか。
　예약《イェヤク》（予約） 의《ケ》 확인을《ファギヌル》 합니다《ハムニダ》.
　予約 の 確認を します。

잠깐《チャムカン》(暫間)　기다려《キダリョ》　주세요《チュセヨ》・」
しばらく　待って　ください。

フロント「좋습니다《チョスムニダ》・　일박《イルパク》(一泊)　입니까《イムニカ》?」
よろしゅうございます。一泊　ですか。

客「이박《イバク》(二泊)　입니다《イムニダ》・」
二泊　です。

フロント「일삼영칠《イルサムヨングチル》　실《シル》(室)　싱글루움《シングルルウム》(シングルルーム)　입니다《イムニダ》・
一三〇七号　室　シングルルーム　です。
일박에《イルバケ》　일만이천《イルマンイチョン》(一万二千)원《ウォン》　입니다《イムニダ》・　좋습니까《チョスムニカ》?」
一泊に　一万二〇〇〇　ウォン　です。よろしいですか。

客「좋습니다《チョスムニダ》・」

よろしいです。

フロント「여기에《ヨギエ》 성《ソング》 명《ミョング》(姓名) 과《クワ》 주소《チュソ》(住所) 를《ルル》 써《ソ》 주세요《チュセヨ》・」

ここへ 姓名 と 住所 を 書いてください。

フロント「감사《カムサ》(感謝) 합니다《ハムニダ》・ 곧《コッ》 보이《ポイ》(ボーイ) 가《ガ》 안내《アンネ》(案内) 합니다《ハムニダ》・」

ありがとうございます。ただちに ボーイ が 案内 します。

ボーイ「안녕《アンニョング》 하십니까《ハシムニカ》? 짐은《チムン》 이것입니까《イゴシムニカ》」(짐《チム》=荷物)

こんにちは。 荷物は これですか。

客「네《ネ》 그렇습니다《クロスムニダ》・」

はい、そうです。

ボーイ「이리《イリ》 오세요《オセヨ》. 엘리베이터《エリベイト》 로《ロ》 갑니다《カムニダ》.」

こちらへおいでください。 エレベーター で 行きます。

⑵ 喫茶店で

客1「이《イ》 다방《タバング》(茶房) 에서《エソ》 잠깐《チャムカン》(暫間) 쉽시다《スィブシダ》.」(쉽시다＝쉬다《スィダ》・「休む」の勧誘形)

この喫茶店 で 少し やすみましょう。

店員「어서《オソ》 오세요《オセヨ》.」

いらっしゃいませ。

客1「세사람《セサラム》 입니다《イムニダ》.」

三人 です。

店員「이리《イリ》 오세요《オセヨ》・」
こちらへおいでください。

客1「코오피《コオピ》 둘《トゥル》、 홍차《ホングチャ》 하나《ハナ》 주세요《チュセヨ》・」
コーヒー二つ 紅茶 一つ ください。

店員「설탕《ソルタング》 과《クワ》 밀크《ミルク》 는《ヌン》 여기에《ヨギエ》 있읍니다《イスムニダ》・」
砂糖(屑糖) と ミルク は ここに あります。

客1「여가서《ヨギソ》 남산《ナムサ》(南山) 은《ヌン》 가《カ》깝습《カプスム》니《ニ》까《カ》?」
ここから南山(南山) は 近いですか。

客2「저쪽《チョチョク》 보아주세요《ポアヂュセヨ》・ 저《チョ》 산《サ》(山) 이《ニ》 남산《ナムサン》 입니다《イムニダ》・」
あちら 見てください。あの山 が 南山 です。

〈よく使う韓国語の動詞〉

あります……있습니다（イスムニダ）
行きます……갑니다（カムニダ）
来ます……옵니다（オムニダ）
持ちます……가집니다（カジムニダ）
歩きます……걷습니다（コッスムニダ）
待ちます……기다립니다（キダリムニダ）
見ます……봅니다（ポムニダ）
買います……삽니다（サムニダ）
書きます……씁니다（スムニダ）
すわります……앉읍니다（アンジュムニダ）

分かります……압니다（アムニダ）
分かりません…모릅니다（モルムニダ）
乗ります……탑니다（タムニダ）
降ります……내립니다（ネリムニダ）
なります……됩니다（トェムニダ）
好きです……좋아합니다（チョアハムニダ）
食べます……먹읍니다（モグムニダ）
感謝します……감사《カムサ》（感謝）합니다《ハムニダ》
運転します……운전《ウンジョン》（運転）합니다《ハムニダ》
連絡します……연락《ヨルラク》（連絡）합니다《ハムニダ》

客1「남산의《ナムサネ》 정상《チョングサング》(頂上) 에서《エソ》 서울의《ソウレ》 시가《シガ》(市街) 를《ルル》 보고싶습니다《ポゴシプスムニダ》.」

南山の 頂上 から ソウルの市街 を 見たいです。

客2「그러면《クロミョン》 나갑시다《ナガブシダ》.」

それでは 出かけましょう。

客1「여보세요《ヨボセヨ》. 계산서《ケサンソ》(計算書) 를《ルル》 주세요《チュセヨ》.」

もしもし 請求書 を ください。

(3) 会社で

佐々木「안녕하십니까《アンニョングハシムニカ》?」

おはようございます。

受付　「안녕하십니까《ハシムニカ》・」

おはようございます。

佐々木　「이사장님《イサヂャングニム》(李社長) 을《ル》 뵙《プェブ》 고《コ》 십습니다《シプスムニダ》・」(뵙고십습니다＝뵙다《プェブダ》・「会う」の敬語＋願望形)

李社長　に　お会いしたいのですが。

저는《チョヌン》 일본의《イルボンエ》 도꾜끼까이《トキョキカイ》(機械) 의《エ》 사사끼《ササキ》 입니다《イムニダ》・

私は　日本の　東京機械　の　佐々木　です。

사장《サヂャング》 님은《ニムン》 계십니까《キェシムニカ》」(계십니까＝있읍니다《イスムニダ》・「存在する」の敬語)

社長　さんは　いらっしゃいますか。

受付　「잠깐《チャムカン》(暫間) 기다려주십시오《キダリョヂュシプシオ》・ 전화《チョンファ》 하겠읍니다《ハゲスムニダ》・」(하겠읍니다＝합니다《ハムニダ》の未来形)

しばらく　お待ちください。　電話　します。

受付「사장《サヂャング》 실에서《シレソ》 기다립니다《キダリムニダ》・ 안내《アンネ》(案内) 하겠읍니다《ハゲスムニダ》・ 이리《イリ》 오십시오《オシブシオ》・」
社長 室で お待ちです。ご案内 します。 こちらへ来てください。

佐々木「이사장님《イサヂャングニム》 오래간만《オレカンマン》 입니다《イムニダ》・ 안녕하십니까《アンニョングハシムニカ》」
李社長、 しばらく です。お元気ですか。

李社長「사사끼《ササキ》 선생님《ソンセングニム》(先生様) 안녕하십니까《アンニョングハシムニカ》
佐々木 さん、 お元気ですか。
어서《オソ》 앉으십시오《アンヂュシブシオ》・ 코오피《コオピ》 를《ルル》 좋아합니까《チョアハムニカ》?
どうぞお掛けください。コーヒーを お好きですか。
인삼차《インサムチャ》(人蔘茶) 가《ガ》 좋습니까《チョスムニカ》?」
人蔘茶 が よいですか。

〈よく使う韓国語の形容詞〉

大きいです……큽니다(クムニダ)
小さいです……작습니다(チャクスムニダ)
高いです……높습니다(ノプスムニダ)
低いです……낮습니다(ナッスムニダ)
暑いです……덥습니다(トプスムニダ)
寒いです……춥습니다(チュプスムニダ)
近いです……가깝습니다(カカプスムニダ)
遠いです……멉니다(モムニダ)
甘いです……달습니다(タルスムニダ)
辛《から》いです……맵습니다(メプスムニダ)

美しいです……아름답습니다(アルムダプスムニダ)
痛いです……아픕니다(アプムニダ)
安いです……쌉니다(サムニダ)
大丈夫です……괜찮습니다(クェンチャンスムニダ)
よいです……좋습니다(チョスムニダ)
そのとおりです……그렇습니다(クロスムニダ)
悪いです……나쁩니다(ナプムニダ)
明るいです……밝습니다(パクスムニダ)
広いです……넓습니다(ノルスムニダ)
若いです……젊습니다(チョムスムニダ)

佐々木「인삼차《インサムチャ》 를《ルル》 부탁《プタク》(付託) 합니다《ハムニダ》・」
人蔘茶 を お願い します。

目上の人への言葉づかいには、特に注意が必要

ところで、多少、韓国語の会話に慣れ親しんで、自信めいたものがついてきたときに、特に気をつけなければならないことがあります。それは、敬語の問題です。

日本語も敬語の使い分けがたいへんに複雑で、日本語を学ぶ欧米人にとって、悩みのタネになっていますが、韓国語もまた、敬語にはたいへんやかましいのです。したがって公式の場での挨拶などは、よほど自信のないかぎり、韓国語は使わないほうが無難です。

特に、韓国語の敬語が、日本語の敬語と大きく異なる点は、絶対的敬語という考え方です。たとえば日本語では、他人に向かって、自分の身内には敬語を使いません。「わたくしの父が来ます」「うちの部長がそう申しました」などと言います。ところが韓国では、目上の人のことは、誰に向かっても、

「わたくしのお父様がいらっしゃいます」「うちの部長さんが、そうおっしゃいました」という言い方をします。どちらが正しいとかいうことではなくて、そういう習慣ですか

ら、それに従うより仕方がありません。

また、日本語には、同じ「～です」という意味でも、「でございます」「～であります」「～です」「～だ」などという言い方があったり、「行く」にも「参ります」「行きます」「行く」などの言い方がありますが、同じような例が韓国語にも見られます。

こうしたことは欧米語には見られないことですから、欧米人にとっては、むずかしいことだと思います。かなり日本語の上手な欧米人でも、使い分けがむずかしいらしく、丁寧な言葉だけに統一している人が多いようです。日本人は、子どものころから、日本語の使い分けに慣れていますが、韓国語の使い分けは、そう簡単ではありません。

友人のSさんは、子どものころ、昔の京城《けいじょう》（今のソウル）で育ちました。それなのに、いっさい韓国語を話そうとしません。聞いてみると、子どものころ覚えた言葉は、汚い言葉が多くて、目上の人に使えるような言葉ではなく、万一、失礼があっては大変なので、韓国語はいっさい使わないことにしているとのことでした。

逆に言えば、韓国では、それだけ目上の人への言葉づかいには細心の注意が必要だということでしょう。したがって、韓国語の日常会話では、欧米人が日本語に対するのと同じように、丁寧な言葉だけを覚えるのがよいと思います。といっても、入門者がそれらの単語を覚えていくのは大変なことです。

そこで、とくに初学者が、汚い言葉を使わないようにするコツは、一口でいうと語尾に気をつけることです。つまり、

「です」の입니다《イムニダ》は、이《イ》と ㅂ니다《ムニダ》

「行きます」の갑니다《カムニダ》は、가《カ》と ㅂ니다《ムニダ》

からできています。この、이《イ》と가《カ》とは、語幹と呼ばれ、ㅂ니다《ムニダ》は語尾と呼ばれます。結論を言うと、

語尾にㅂ니다《ムニダ》を使うと丁寧語となり、別の語尾を使うと汚い言葉になります。

したがって、動詞の語尾でㅂ니다《ムニダ》以外のものを使わないことです。そうすれば、失礼になることは、まずありません。

8章

「アリラン」「釜山港へ帰れ」を歌う

——楽しみながら、韓国語力が大幅アップ

歌詞の意味を知っていれば、もう忘れない

最後に、韓国の歌を紹介していきたいと思います。外国語の勉強には、その国の歌を覚えるのが、ひじょうに有効です。

ある宴会の席で「釜山港へ帰れ」を、韓国語で上手に歌う友人がいました。後で聞いてみると、まったく意味は分からないまま、頭から丸暗記して歌っているということでした。

それにしても、全然意味の分からないものを、よく覚えたものだと、その記憶力のよさには感心してしまいました。

ただ、せっかく歌を覚えるのなら、意味も一緒に覚えたほうが、より覚えやすいし、また忘れにくいのは当然です。

日本語に訳された韓国の歌には、上手な意訳が多く、中にはこのあと紹介する「釜山港へ帰れ」のように、韓国の歌の意味とは、まったく違うものになっているものさえあります。せっかく語順が日本語と同じなのですから、一語一語対応する日本語に置き換えた逐《ちく》語《ご》訳で、意味を覚えたうえで、歌いたいものです。

本書では「アリラン」と「釜山港へ帰れ」の二曲を採り上げて、一語ずつ対応する日本

語に置き換えて、紹介することにしました。

★アリランの歌★

韓国の歌では、古い民謡の「アリランの歌」が日本でも有名です。同じ「アリランの歌」でも、韓国各地でいろいろの歌詞、メロディーがあって、一〇種類以上の異種があるそうです。

主題は、自分を捨ててアリラン峠を越えて去っていく男を偲《しの》ぶ女心の歌で、「アリラン」の地名については、ソウル東北部の峠の名であるという説もありますが、辞書で引くと、「伝説上の峠の名」とありますから、特定の峠の名ではないようです。

ここでは、最も親しまれている〝標準アリラン〟を紹介してみましょう。

(1) 아리랑《アリラング》　아리랑《アリラング》　아라리요《アラリヨ》
アリラン　アリラン　アラリヨ（はやし言葉）

아리랑《アリラング》 고개로《コゲロ》 넘어간다《ノモカンダ》
アリラン 峠を 越えていく
나를《ナルル》 버리고《ポリゴ》 가시는《カシヌン》 님은《ニムン》
私を 捨てて 行かれる お方は
십리도《シムリド》 못가서《モッカソ》 발《パル》 병《ピョング》 난다《ナンダ》
十里も 行かずに 足わずらう
(2)아리랑《アリラング》 아리랑《アリラング》 아라리요《アラリヨ》
アリラン アリラン アラリヨ
아리랑《アリラング》 고개로《コゲロ》 넘어간다《ノモカンダ》
アリラン 峠を 越えていく

고개《コゲ》……峠
넘어간다《ノモカンダ》……넘어갑니다《ノモカムニダ》(越えていきます)の普通語
버리《ポリ》……原形は버리다《ポリダ》(捨てます)
고《ゴ》……「〜して」という語尾
가시는《カシヌン》……原形は갑니다《カムニダ》。시《シ》は敬語表現
님《ニム》……日本語の「〜様、お方」に当たる
못가서《モッカソ》……갑니다《カムニダ》(行きます)の否定の形
서《ソ》……「〜したのに」
발《パル》……「足」
병난다《ピョングナンダ》……병(病)납니다(病気になります)の普通語
청 천《チョングチョン》……「晴天」の韓国語読み
하늘《ハヌル》……空

청천《チョングチョン》 하늘엔《ハヌレン》 잔《チャン》 별《ピョル》 도《ド》 많고《マンゴ》
晴天 空には 小さな星も 多く
우리내《ウリネ》 가슴속엔《カスムソゲン》 수심도《スシムド》 많다《マンダ》
われらが 胸の中には 愁《うれ》いも 多い

엔《エン》……에는《エヌン》の略、「〜には」
잔《チャン》 별《ピョル》……「小さな星」
많고《マンゴ》……많다《マンダ》(多い)の語幹＋고《コ》(〜して)
우리《ウリ》……われわれ、우리내《ウリネ》……われわれの
가슴《カスム》……胸、속《ソク》……中
수심《スシム》……「愁心」の韓国語読み
많다《マンダ》……많습니다《マンスムニダ》(多いです)の普通語

★釜山港へ帰れ★

次に、日本でもたいへん有名な「釜山港へ帰れ」を採り上げましょう。原文の歌詞を見れば分かりますが、この歌は兄弟の歌であって、日本語訳のように男女の恋愛を歌ったものではないということは、ちょっとした驚きです。

このことは、韓国社会の大きな特徴である〝血縁〟の強さを示す格好のエピソードといえるでしょう。日本では、兄弟愛を歌った流行歌というのは、ほとんどありません。とこ

ろが韓国では、それが流行歌としてすんなり受け入れられるだけの伝統があるわけです。

たしかに、韓国の人々が、親・兄弟・家族を思慕する気持ちの深さは、日本人の想像をはるかに越えるものがあるのかもしれません。

돌아와요《トラワヨ》 부산항에《プサンハングエ》
帰れよ　釜山港へ
꽃피는《コッピヌン》 동백섬에《トングベクソメ》 봄이《ポミ》 왔건만《ワコンマン》
花咲く　椿島に　春が来たれど
형제《ヒョングジエ》 떠난《トナン》 부산항에《プサンハングエ》
兄弟　別れた　釜山港へ
갈매기《カルメギ》 만《マン》 슬피《スルピ》 우네《ウネ》
かもめ　だけ　悲しく　鳴くよ

피는《ピヌン》……핍니다《ピムニダ》(咲きます)の連体形
동백《トングペク》……「柊栢」の韓国語読み。椿のこと
왔《ワッ》……옵니다《オムニダ》(来ます)の過去形
건만《コンマン》……건마는《コンマヌン》の略形、「〜ではあるが」
떠난《トナン》……떠납니다《トナムニダ》(離れます)の過去形
슬피《スルピ》……슬픕니다《スルプムニダ》(悲しいです)からの派生形
우《ウ》……웁니다《ウムニダ》の語幹
네《ネ》……「〜よ」というときの語尾

오륙도《オリュクト》　돌아가는《トラガヌン》
五六島　帰っていく
연락선《ヨルラクソン》　마다《マダ》
連絡船　ごとに
목메여《モクメヨ》　불러봐도《プルロポアド》
のどを　詰まらせ呼んでみても
대답없는《テダブオムヌン》　내《ネ》　형제여《ヒョングチェヨ》
返事のない　私の　兄弟よ
돌아와요《トラワヨ》　부산항에《プサンハングエ》
帰ってこい　釜山港へ

오륙도《オリュクト》……「五六島」の韓国語読み
돌아가《トラガ》……돌아가다《トラガダ》（帰っていきます）の語幹
연락선《ヨルラクソン》……「連絡船」の韓国語読み
마다《マダ》……ごとに
목메여《モクメヨ》……목멥니다《モクメムニダ》（のどを詰まらせます）の派生形
불러봐《プルロポァ》……불러봅니다《プルロポムニダ》（呼んでみます）の派生形
대답《テダブ》……「対答」（返事）の韓国語読み
없는《オプヌン》……없읍니다《オプスムニダ》（ありません）の連体形
돌아와요《トラワヨ》……돌아오다《トラオダ》（帰ってくる）の命令形

그리운《クリウン》 내《ネ》 형제여《ヒョングヂェヨ》

なつかしい　私の　兄弟よ

그리운《クリウン》……그립니다《クリムニダ》(なつかしい)の連体形

★漢字の読み方・日韓比較表（表の見方は、上から、日本語の読み、漢字、対応するハングル文字、韓国語読みのカタカナ表記、発音記号の順です。）

ア行

日本語の読み	漢字	ハングル	カタカナ表記	発音記号
ア	亜	아	ア	[a]
アイ	愛哀	애	エ	[æ]
アク	悪	악	アク	[ak]
アン	安案	안	アン	[an]
	暗	암	アム	[am]
イ	移異易以（イ）	이	イ	[i]
	胃囲委位（ヰ）	위	ウィ	[ü]
	医意衣（イ）	의	ウィ	[ɨi]
イチ	一	일	イル	[ɨl]
イン	引印因	인	イン	[in]
	飲（オン）	음	ウム	[ɨm]
	員院（ヱン）	원	ウォン	[wən]
ウ	雨羽	우	ウ	[u]
ウン	運雲	운	ウン	[un]
エイ	泳英映影（ヤウ）	영	ヨング	[jəŋ]
	鋭	여	エ	[je]
エキ	駅役（ヤク）	역	ヨク	[jək]
エツ	閲	열	ヨル	[jəl]
エン	宴煙鉛延沿演	연	ヨン	[jən]
	炎塩	염	ヨム	[jəm]
	園円遠（ヱン）	원	ウォン	[wən]
オウ	王往（ワウ）	왕	ワング	[waŋ]
	央（アウ）	앙	アング	[aŋ]
	桜（アウ）	앵	エング	[æŋ]
オク	億	억	オク	[ək]
	屋	옥	オク	[ok]
オン	温	온	オン	[on]
	音	음	ウム	[ɨm]

カ行

カ	加可歌仮価(カ)	가カ [ka]
	果科過(クワ)	과クヮ [kwa]
	下河夏何(カ)	하ハ [ha]
	化火花貨(クワ)	화ファ [hwa]
カイ	開改解(カイ)	개ケ [kæ]
	階界械(カイ)	계キェ [kje]
	怪塊(クワイ)	괴クェ [kö]
	回灰會(クワイ)	회フェ [hö]
	海(カイ)	해ヘ [hæ]
カク	各閣角(カク)	각カク [kak]
	確拡(クワク)	확ファク [hwak]
カツ	渇褐	갈カル [kal]
	割	할ハル [hal]
カン	刊間	간カン [kan]
	感敢	감カム [kam]
	官観館(クワン)	관クヮン [kwan]
	換環(クワン)	환ファン [hwan]
	寒漢韓	한ハン [han]

キ	汽記機旗	기キ [ki]
	貴帰	귀クィ [kü]
	揮	휘フィ [hü]
キン	近謹	근クン [kün]
	今金禁	금クム [küm]
ク	九区	구ク [ku]
クウ	空	공コング [koŋ]
クツ	掘	굴クル [kul]
クン	君	군クン [kun]
	訓	훈フン [hun]
ケイ	計鶏係系	계キェ [kje]
	径経敬景慶軽	경キョング [kjəŋ]
	兄形型	형ヒョング [hjəŋ]
ケツ	欠決結潔	결キョル [kjəl]
	血穴	혈ヒョル [hjəl]
ケン	犬見絹	견キョン [kjən]
	建健件	건コン [kən]
	券権	권クォン [kwən]
	験険	험ホム [həm]

	県	현ヒョン [hjən]
コ	古固故庫	고コ [ko]
	個	개ケ [kæ]
	戸湖呼	호ホ [ho]
コウ	工公功(コウ)	공コング [koŋ]
	考高(カウ)	고コ [ko]
	交校巧(カウ)	교キョ [kjo]
	江鋼康(カウ)	강カング [kaŋ]
	口構(コウ)	구ク [ku]
	光広鉱(クワウ)	광クワング [kwaŋ]
	航港降(カウ)	항ハング [haŋ]
	香向(カウ)	향ヒャング [hjaŋ]
	行幸(カウ)	행ヘング [hæŋ]
	后候厚(コウ)	후フ [hu]
コク	谷告穀	곡コク [kok]
	国	국クク [kuk]
	酷黒	혹ホク [hok]
コツ	骨	골コル [kol]
コン	困昆	곤コン [kon]
	混魂	혼ホン [hon]

ガ行

ガ	我餓芽	아ア [a]
	賀	하ハ [ha]
ガイ	概	개ケ [kæ]
	害	해ヘ [hæ]
	外	외ウェ [ö]
ガク	岳楽	악アク [ak]
	学	학ハク [hak]
ガン	岸眼顔	안アン [an]
	岩	암アム [am]
ギ	技	기キ [ki]
	義議疑	의ウィ [ɨi]
ギン	銀	은ウン [ɨn]
グ	具	구ク [ku]
	愚	우ウ [u]
グウ	偶遇	우ウ [u]
グン	軍郡群	군クン [kun]
ゲイ	芸	예イェ [je]

ゲキ	劇	극クク [kük]
ゲツ	月（グワツ）	월ウォル [wəl]
ゲン	言	언オン [ən]
	原元（グワン）	원ウォン [wən]
	現	현ヒョン [hjən]
ゴ	五午誤	오オ [o]
	語御	어オ [ə]
	後	후フ [hu]
ゴク	極	극クク [kïk]

キャ行

キャク	脚	각カク [kak]
	客	객ケク [kæk]
キュウ	久求救九究	구ク [ku]
	弓宮	궁クング [kuŋ]
	急級給（キフ）	급クプ [kïp]
キョ	去居巨距挙	거コ [kə]
	許	허ホ [hə]
キョウ	共恐（キヨウ）	공コング [koŋ]
	京境鏡競（キヨウ）	경キョング [kjəŋ]
	教橋（ケウ）	교キョ [kjo]
	協（ケフ）	협ヒョプ [hjəp]
キョク	曲局	곡コク [kok]

ギャ行

ギュウ	牛	우ウ [u]
ギョ	魚漁	어オ [ə]
ギョウ	業（ゲフ）	업オプ [əp]
ギョク	玉	옥オク [ok]

サ行

サ	砂査	사サ [sa]
	差	차チャ [cha]
	佐左	좌チヮ [cwa]
サイ	才再災裁	재チェ [cæ]
	祭済際	제チェ [ce]
	西	서ソ [sə]
	妻	처チョ [chə]
	菜採	채チェ [chæ]
サク	昨作	작チャク [cak]
	削	삭サク [sak]

サツ	殺	살サル [sal]
	札察	찰チャル [chal]
サン	三	삼サム [sam]
	山産算傘散酸	산サン [san]
	桟盞	잔チャン [can]
	参	참チャム [cham]
シ	士史死師私使	사サ [sa]
	市試示矢始視	시シ [si]
	子姉姿資	자チャ [ca]
	支止志至脂枝	지チ [ci]
	歯	치チ [chi]
	氏	씨シ [si]
シキ	式識	식シク [sik]
シチ	七漆	칠チル [chil]
	質	질チル [cil]
シツ	失室	실シル [sil]
シン	身新申信臣神	신シン [sin]
	心深	심シム [sim]
	進診津真	진チン [cin]

	針寝	침チム [chim]
スイ	水垂睡	수ス [su]
	錐推	추チュ [chu]
スウ	数	수ス [su]
	枢	추チュ [chu]
セ	世	세セ [se]
セイ	成声性星誠姓盛	성ソング [sɔŋ]
	正政静精整	정チョング [cɔŋ]
	生	생セング [sæŋ]
	製制	제チェ [ce]
	青清晴	청チョング [chɔŋ]
セキ	石席昔	석ソク [sɔk]
	赤籍積績寂	적チョク [cɔk]
セツ	雪説設	설ソル [sɔl]
	節切折	절チョル [cɔl]
セン	先船線宣洗選	선ソン [sɔn]
	専銭戦	전チョン [cɔn]
	千川泉浅	천チョン [chɔn]
ソ	素訴	소ソ [so]

	組租祖	조チョ [co]
ソウ	相想霜（サウ）	상サング [saŋ]
	騒巣（サウ）	소ソ [so]
	早操槽（サウ）	조チョ [co]
	送（ソウ）	송ソング [soŋ]
	僧（ソウ）	승スング [sïŋ]
	倉窓創（サウ）	창チャング [chaŋ]
	壮装（サウ）	장チャング [caŋ]
	層（ショウ）	층チュング [chïŋ]
ソク	息	식シク [sik]
	速	속ソク [sok]
	即	즉チュク [cïk]
ソツ	卒	졸チョル [col]
ソン	孫損	손ソン [son]
	村	촌チョン [chon]

ザ行

ザ	座	좌チュワ [cwa]
ザイ	財材	재チェ [cæ]
	剤	제チェ [ce]
ザン	残	잔チャン [can]
ジ	自字磁	자チャ [ca]
	寺事似辞	사サ [sa]
	時	시シ [si]
ジツ	実	실シル [sil]
ジン	仁（ニン）	인イン [in]
	甚尋	심シム [sim]
ズ	図	도ト [to]
ゼ	是	시シ [si]
ゼイ	税	세セ [se]
ゼツ	舌	설ソル [səl]
ゼン	善繕	선ソン [sən]
	全前	전チョン [cən]
ゾウ	象像（ザウ）	상サング [saŋ]
	増（ゾウ）	증チュング [cïŋ]
ゾク	俗属続	속ソク [sok]
	族	족チョク [cok]

シャ行

日本語の読み	漢字	韓国語の読み
シャ	写射社舎捨謝	사サ [sa]
	者	자チャ [ca]
	車	차チャ [cha]
シャク	尺	척チョク [chək]
	酌	작チャク [cak]
シュ	手守首	수ス [su]
	主酒	주チュ [cu]
シュウ	収修秀	수ス [su]
	週舟州周	주チュ [cu]
	宗終	종チョング [coŋ]
	習(シフ)	습スプ [sïp]
	集(シフ)	집チプ [cip]
シュク	宿叔	숙スク [suk]
	祝縮	축チュク [chuk]
シュツ	出	출チュル [chul]
シュン	春	춘チュン [chun]
ショ	書暑庶署	서ソ [sə]
	初	초チョ [cho]
ショウ	小少消焼	소ソ [so]
	招硝(セウ)	초チョ [cho]
	商傷床(シヤウ)	상サング [saŋ]
	將章粧(シヤウ)	장チャング [chaŋ]
	照昭(セウ)	조チョ [co]
	松(シヨウ)	송ソング [soŋ]
	鐘(シヨウ)	종チョング [coŋ]
ショク	食植飾	식シク [sik]
	色	색セク [sæk]
	職織	직チク [cik]

ジャ行

日本語の読み	漢字	韓国語の読み
ジャ	邪蛇	사サ [sa]
ジュ	受樹需	수ス [su]
ジュウ	十拾(シフ)	십シップ [sip]
	住(ヂユウ)	주チュ [cu]
ジュク	熟	숙スク [suk]
ジュツ	術述	술スル [sul]
ジュン	純順巡	순スン [sun]
	準	준チュン [cun]

・ジョ	助	조チョ [co]
	除	제チェ [ce]
ジョウ	上常（ジヤウ）	상サング [saŋ]
	乗（ジヨウ）	승スング [sɨŋ]
	丈場（ヂヤウ）	장チャング [caŋ]
ジョク	辱	욕ヨク [jok]

タ行

タ	多	다タ [ta]
	他	타タ [tha]
タイ	太泰怠態	태テ [thæ]
	対待隊帯貸	대テ [tæ]
	体替	체チェ [che]
タク	宅沢	택テク [thæk]
	卓濯	탁タク [thak]
タツ	達	달タル [tal]
タン	淡	담タム [tam]
	単短端担	단タン [tan]
	炭探	탄タン [than]
チ	地知池	지チ [ci]
	治値致	치チ [chi]
チク	竹	죽チュク [cuk]
	築畜	축チュク [chuk]
チツ	秩窒	질チル [cil]
チン	賃	임イム [im]
	珍陳	진チン [cin]
	沈	침チム [chim]
ツイ	追	추チュ [chu]
ツウ	通痛	통トング [thoŋ]
テイ	丁庭亭定停程	정チョング [cəŋ]
	提弟	제チェ [ce]
	低底	저チョ [cə]
テキ	的適敵	적チョク [cək]
テツ	鉄哲	철チョル [chəl]
テン	典展転	전チョン [cən]
	点店	점チョム [cəm]
	天	천チョン [chən]
ト	都途渡徒	도ト [to]
トウ	冬東（トウ）	동トング [toŋ]

	灯等登（トウ）	둥トゥング [tŭŋ]
	当唐党（タウ）	당タング [taŋ]
	島到盗（タウ）	도ト [to]
	投透（トウ）	투トゥ [thu]
	湯（タウ）	탕タング [thaŋ]
	豆頭（トウ）	두トゥ [tu]
	答（タフ）	답タップ [tap]
	搭（タフ）	탑タップ [thap]
トク	特	특トゥク [thɨk]
	徳	덕トク [tək]
トツ	突	돌トル [tol]
トン	豚	돈トン [ton]
ダ行		
ダ	打駄	타タ [tha]
ダイ	代大台	대テ [tæ]
	第題	제チェ [che]
ダク	諾	낙ナク [nak]
	濁	탁タク [thak]
ダツ	脱奪	탈タル [thal]

ダン	断段団	단タン [tan]
	談	담タム [tam]
	男（ナン）	남ナム [nam]
	暖（ナン）	난ナン [nan]
デイ	泥（ナイ）	니ニ [ni]
デン	田電伝殿	전チョン [cən]
ド	努怒奴（ヌ）	노ノ [no]
	度	도ト [to]
ドウ	同動銅（ドウ）	동トング [toŋ]
	堂（ダウ）	당タング [taŋ]
	道導（ダウ）	도ト [to]
ドク	毒独読	독トク [tok]
ドン	鈍	둔トゥン [tun]
チャ行		
チャ	茶	차チャ [cha]、다タ [ta]
チャク	着	착チャク [chak]
チュウ	中仲	중チュング [cuŋ]
	虫忠	충チュング [chuŋ]
	宙注柱昼	주チュ [cu]

チョ	著貯	저チョ [cə]
チョウ	庁（チヤウ）	청チョング [chəŋ]
	兆朝彫鳥（テウ）	조チョ [co]
	町丁（チヤウ）	정チョング [cəŋ]
	張腸長（チヤウ）	장チャング [caŋ]
チョク	直	직チク [cik]

ナ行

ナイ	内	내ネ [næ]
ナン	南	남ナム [nam]
	難	난ナン [nan]
ニ	弐	이イ [i]
ニク	肉	육ユク [juk]
ニチ	日	일イル [il]
ニン	人認	인イン [in]
	任	임イム [im]
ネン	然燃	연ヨン [jən]
	年	년ニョン [njən]
ネイ	寧	녕ニョング [njəŋ]
ネツ	熱	열ヨル [jəl]
ノウ	納（ナフ）	납ナップ [nap]
	農（ノウ）	농ノング [noŋ]
	脳（ナウ）	뇌ノゥェ [nö]

ニャ行

ニュウ	乳	유ユ [ju]
	入（ニフ）	입イプ [ip]
ニョ	女	녀ニョ [njə]、여ヨ [jə]
ニョウ	尿	뇨ニョゥ [njo]、요ヨ [jo]

ハ行

ハ	波破派	파パ [pha]
ハイ	拝配背俳	배ペ [pæ]
ハク	白	백ペク [pæk]
	博泊拍	박パク [pak]
ハチ	八	팔パル [phal]
ハツ	髪発	발パル [pal]
ハン	半飯班反	반パン [pan]
	版販坂板判	판パン [phan]
	犯範	범ポム [pəm]
ヒ	否（フ）	부プ [pu]

	比批飛秘肥	비ピ [pi]
	皮疲彼	피ピ [phi]
ヒツ	必筆	필ピル [phil]
ヒン	貧浜	빈ピン [pin]
	品(ホン)	품プム [phum]
フ	夫父付不富府	부プ [pu]
	布(ホ)	포ポ [pho]
フウ	風	풍プング [phuŋ]
フク	服腹複副復福	복ポク [pok]
フツ	払	불プル [pul]
フン	粉分奮	분プン [pun]
ヘイ	兵丙並	병ピョング [pjəŋ]
	閉幣	폐ペ [phie]
ヘキ	壁	벽ピョク [pjək]
ヘン	変辺	변ピョン [pjən]
	片偏編	편ピョン [phjən]
ホ	歩保補	보ポ [po]
	捕浦	포ポ [pho]
ホウ	宝報(ハウ)	보ポ [po]
	包泡胞(ハウ)	포ポ [pho]
	奉俸峰(ホウ)	봉ポング [poŋ]
	法(ホフ)	법ポプ [pəp]
ホク	北	북プク [puk]
ホン	本	본ポン [pon]

バ行

バ	馬	마マ [ma]
	婆	파パ [pha]
バイ	倍	배ペ [pæ]
	売買梅	매メ [mæ]
バク	麦	맥メク [mæk]
	爆	폭ポク [phok]
バツ	伐罰	벌ポル [pəl]
バン	晩(マン)	만マン [man]
	番	번ポン [pən]
ビ	美微(ミ)	미ミ [mi]
	備鼻	비ピ [pi]
ビン	便	편ピョン [phjən]
	敏(ミン)	민ミン [min]

ブ	武舞（ム）	무ム [mu]
	部	부プ [pu]
ブツ	仏	불プル [pul]
ブツ	物（モツ）	물ムル [mul]
ベツ	別	별ピョル [pjəl]
ベン	弁	변ピョン [pjən]
ボ	母慕暮（モ、ム）	모モ [mo]
ボウ	亡忘忙（バウ）	망マング [maŋ]
	防妨肪（バウ）	방パング [paŋ]
	帽（バウ）	모モ [mo]
ボク	木牧（モク）	목モク [mok]
	朴	박パク [pak]
ボツ	没（モツ）	몰モル [mol]
ヒャ行		
ヒャク	百	백ペク [pæk]
ヒョウ	氷（ヒヨウ）	빙ピング [piŋ]
	表標票（ヘウ）	표ピョ [phjo]
ビョウ	秒（ベウ）	초チョ [cho]
	病（ビヤウ）	병ピョング [pjəŋ]

マ行

マ	麻磨	마マ [ma]
マイ	毎妹枚	매メ [mæ]
	米	미ミ [mi]
マク	幕膜	막マク [mak]
マツ	末	말マル [mal]
マン	万満	만マン [man]
ミ	未味	미ミ [mi]
ミツ	密	밀ミル [mil]
ミン	民	민ミン [min]
ム	務無	무ム [mu]
メイ	名命明鳴	명ミョング [mjəŋ]
メツ	滅	멸ミョル [mjəl]
メン	面綿麺	면ミョン [mjən]
モ	模	모モ [mo]
モウ	毛	모モ [mo]
モク	目	목モク [mok]
モン	門文聞問	문ムン [mun]

ミャ行		
ミャク	脈	맥メク [mæk]
ミョウ	妙	묘ミョ [mjo]
ヤ行		
ヤ	夜野	야ヤ [ja]
ヤク	約薬	약ヤク [jak]
	訳	역ヨク [jək]
ユ	由油愉	유ユ [ju]
	輸（シユ）	수ス [su]
ユイ	遺唯（ヰ）	유ユ [ju]
ユウ	有遊	유ユ [ju]
	友郵右優	우ウ [u]
ヨ	与余	여ヨ [jə]
	予預	예イェ [je]
ヨウ	幼（ユウ）	유ユ [ju]
	羊洋陽（ヤウ）	양ヤング [jaŋ]
	用容（ヨウ）	용ヨング [joŋ]
	曜腰要（エウ）	요ヨ [jo]
	葉（エフ）	엽ヨプ [jəp]
ヨク	浴欲	욕ヨク [jok]
ラ行		
ラ	裸羅	라ラ [ra]、나ナ [na]
ライ	来	래レ [ræ]、내ネ [næ]
ラク	落酪	락ラク [rak]、낙ナク [nak]
ラン	卵乱	란ラン [ran]、난ナン [nan]
	覧	람ラム [ram]、남ナム [nam]
リ	利里吏理裏	리リ [ri]、이イ [i]
リキ	力	력リョク [rjək]、역ヨク [jək]
リク	陸	륙リュク [rjuk]、육ユク [juk]
リツ	律	률リュル [rjul]、율ユル [jul]
リン	林臨	림リム [rim]、임イム [im]
	輪	륜リュン [rjun]、윤ユン [jun]
ルイ	涙累	루ル [ru]、누ヌ [nu]
	類	류リュ [rju]、유ユ [ju]
レイ	冷	랭レング [ræŋ]、앵エング [æŋ]
	令齢	령リョング [rjəŋ]、영ヨング [jəŋ]
	麗	려リョ [rjə]、여ヨ [jə]
	礼例	례レ [rje]、예エ [je]

レキ	歴暦	력リョク [rjək]、역ヨク [jək]
レツ	列烈	렬リョル [rjəl]、열ヨル [jəl]
レン	連恋練	련リョン [rjən]、연ヨン [jən]
ロ	路炉	로ロ [ro]、노ノ [no]
ロウ	老労(ラウ)	로ロ [ro]、노ノ [no]
	浪郎朗(ラウ)	랑ラング [raŋ]、낭ナング [naŋ]
ロク	六	륙リュク [rjuk]、육ユク [juk]
	録	록ロク [rok]、녹ノク [nok]
ロン	論	론ロン [ron]、논ノン [non]

リャ行

リャク	略	략リャク [rjak]、약ヤク [jak]
リュウ	流留	류リュ [rju]、유ユ [ju]
	竜	룡リョング [rjoŋ]、용ヨング [joŋ]
リョ	旅	려リョ [rjə]、여ヨ [jə]
リョウ	両良涼(リヤウ)	량リヤング [rjaŋ]、양ヤング [jaŋ]
	料寮(レウ)	료リョ [rjo]、요ヨ [jo]
	陵(リヨウ)	릉ルング [rïŋ]、능ヌング [nïŋ]
リョク	緑(ロク)	록ロク [rok]、녹ノク [nok]

ワ行

ワ	和話	화ファ [hwa]
ワン	湾	만マン [man]
	腕	완ワン [wan]

(注意)

・漢字の下の( )は、呉音、漢音の中で、韓国語と対応しやすいものを記した。

・韓国語読みが二通りあるものについては、語中では前者、語頭では後者を使う。

・ハングル独特の発音記号については、次のとおり。

ï——ハングル文字で「ㅡ」のウ

ü——ハングル文字で「ㅟ」のウィ

üï——ハングル文字で「의」のウィ

ö——ハングル文字で「ㅚ」のウェ

おわりに

韓国語への端緒を作っていただいたのは、畏友、チッソ株式会社の元取締役、中央技術研究所長・工学博士、志賀謹氏でした。また、코오롱《コーロン》油化株式会社の羅《ナ》公黙社長には、終始温かいご支援をいただきました。また、韓国外国語大学校師範大学韓国語教育科の南星祐《ナムソングウ》教授からは、懇篤なご指導をいただきました。

また、同僚の越川一夫氏、今津和郎氏、大阪行輔氏、遠藤敦氏、池田志郎氏、清野昇氏、大出武郎氏、田山了氏、佐藤完治氏には、それぞれ資料の提供など、ご協力をお願いしました。

コーロン商事株式会社の尹益淳《ユンイクスン》東京事務所長には、校正などのご尽力をいただきました。

本書は、これらの方々のご協力とご鞭撻により出来上がりました。ここに厚くお礼申しあげます。

（この作品『漢字でわかる韓国語入門』は、昭和六十二年二月、小社ノン・ブック
から新書判で刊行されたものに、文庫化にあたって加筆・訂正したものです）

一〇〇字書評

切り取り線

購買動機（新聞、雑誌名を記入するか、あるいは○をつけてください）	
□（　　　　　　　　　　　　）の広告を見て	
□（　　　　　　　　　　　　）の書評を見て	
□ 知人のすすめで	□ タイトルに惹かれて
□ カバーがよかったから	□ 内容が面白そうだから
□ 好きな作家だから	□ 好きな分野の本だから

●最近、最も感銘を受けた作品名をお書きください

●あなたのお好きな作家名をお書きください

●その他、ご要望がありましたらお書きください

住所	〒				
氏名		職業		年齢	
新刊情報等のパソコンメール配信を 希望する・しない	Eメール	※携帯には配信できません			

あなたにお願い

この本をお読みになって、どんな感想をお持ちでしょうか。

この「一〇〇字書評」を私までいただけたらありがたく存じます。今後の企画の参考にさせていただきます。

あなたの「一〇〇字書評」は新聞・雑誌などを通じて紹介させていただくことがあります。そして、その場合はお礼として、特製図書カードを差し上げます。

前頁の原稿用紙に書評をお書きのうえ、このページを切りとり、左記へお送りください。住所は不要です。

Eメールでもお受けいたします。

〒一〇一・八七〇一
祥伝社黄金文庫　書評係
ohgon@shodensha.co.jp

祥伝社黄金文庫

祥伝社黄金文庫　創刊のことば

「小さくとも輝く知性」――祥伝社黄金文庫はいつの時代にあっても、きらりと光る個性を主張していきます。

真に人間的な価値とは何か、を求めるノン・ブックシリーズの子どもとしてスタートした祥伝社文庫ノンフィクションは、創刊15年を機に、祥伝社黄金文庫として新たな出発をいたします。「豊かで深い知恵と勇気」「大いなる人生の楽しみ」を追求するのが新シリーズの目的です。小さい身なりでも堂々と前進していきます。

黄金文庫をご愛読いただき、ご意見ご希望を編集部までお寄せくださいますよう、お願いいたします。

平成12年(2000年)2月1日　　祥伝社黄金文庫　編集部

漢字《かんじ》でわかる韓国《かんこく》語《ご》入門《にゅうもん》　日本人《にほんじん》だからカンタン、読《よ》める話《はな》せる速習法《そくしゅうほう》

平成16年7月30日　初版第1刷発行

著者　水《みず》谷《たに》嘉《よし》之《ゆき》

発行者　深澤健一

発行所　祥《しょう》伝《でん》社《しゃ》

東京都千代田区神田神保町3-6-5
九段尚学ビル　〒101-8701
☎03（3265）2081（販売部）
☎03（3265）1084（編集部）
☎03（3265）3622（業務部）

印刷所　萩原印刷

製本所　明泉堂

ISBN4-396-31354-3　C0187

祥伝社のホームページ・http://www.shodensha.co.jp/